园林花卉识别

彩色图册

张树宝 李军 主编

中国林业出版社

图书在版编目(CIP)数据

园林花卉识别彩色图册/张树宝,李军主编.—北京:中国林业出版社,2014.2(2021.10重印)
全国林业职业教育教学指导委员会高职园林类专业工学结合"十二五"规划教材
ISBN 978-7-5038-7106-1

Ⅰ.园… Ⅱ.①张… ②李… Ⅲ.①花卉-观赏园艺-高等职业教育-教学参考资料 Ⅳ.①S68

中国版本图书馆CIP数据核字(2013)第150568号

国家林业和草原局生态文明教材及林业高校教材建设项目

中国林业出版社·教材出版中心

策划编辑:	康红梅 田 苗
责任编辑:	田 苗 康红梅
出版发行	中国林业出版社(100009 北京西城区德内大街刘海胡同7号)
	E-mail: jiaocaipublic@163.com 电话:(010) 83224477
	http://lycb.forestry.gov.cn
经 销	新华书店
印 刷	北京中科印刷有限公司
版 次	2014年2月第1版
印 次	2021年10月第3次印刷
开 本	889mm×1194mm 1/64
印 张	4.3125
字 数	193千字
定 价	39.00元

版权所有 侵权必究

《园林花卉识别彩色图册》编写人员

主　　编　张树宝　李　军
副 主 编　殷华林　刘丽馥
编写人员　（按姓氏拼音顺序）

　　李　军（云南林业职业技术学院）

　　刘丽馥（辽宁林业职业技术学院）

　　田雪慧（杨凌职业技术学院）

　　徐海霞（河南林业职业学院）

　　杨玉芳（山西林业职业技术学院）

　　殷华林（安徽林业职业技术学院）

　　张树宝（黑龙江林业职业技术学院）

前言

《园林花卉识别彩色图册》是全国林业职业教育教学指导委员会高职园林类专业工学结合"十二五"规划教材《园林花卉》的配套教材。编写目的是便于快速识别常见园林花卉,掌握其主要特征、习性,方便应用。

本书遵循科学、简洁、实用的原则进行结构设计,以常见园林花卉为主线,构建七大模块:常见一、二年生花卉识别及应用,常见宿根花卉识别及应用,常见球根花卉识别及应用,常见水生花卉识别及应用,常见室内花卉识别及应用,常见仙人掌及多浆植物识别及应用,常见兰科花卉识别及应用。每种(类)花卉从中文名、拉丁学名、别名、科属、识别要点、生态习性、园林应用、常见栽培品种及同属栽培种等方面进行介绍,同时配有彩色照片,便于学习记忆。

全书共收录园林花卉208种(类),彩色图片385幅。其中一、二年生花卉61幅;宿根花卉81幅;球根花卉45幅;水生花卉19幅;室内花卉128幅(观花花卉55幅,观叶花卉73幅);仙人掌及多浆植物32幅;兰科花卉19幅。

本书由张树宝、李军担任主编,张树宝负责全书统稿、图片收集与整理工作。具体编写分工为:刘丽馥编写常见一、二年生花卉识别及应用;李军编写常见宿根花卉识别及应用;殷华林编写常见球根花卉识别及应用;郑海霞编写常见水生花卉识别及应用、常见

前言

仙人掌及多浆植物识别及应用、常见兰科花卉识别及应用;杨玉芳编写室内观叶花卉识别及应用;张树宝、田雪慧编写常见室内观花花卉识别及应用。

  本书可作为园林类、园艺类专业学生的配套教材,也可作为相关专业人员的参考用书,还可供广大花卉爱好者使用。

  由于编者水平有限,疏漏与不当之处在所难免,敬请读者批评指正!

编 者
2013年8月

目 录

前言

常见一、二年生花卉识别及应用

矮牵牛	1	牵牛	18	霞草	32
一串红	2	旱金莲	19	五色草	33
万寿菊	3	花菱草	20	月见草	34
百日草	4	金盏菊	21	羽衣甘蓝	35
翠菊	5	金鱼草	22	银边翠	36
鸡冠花	6	醉蝶花	23	雁来红	37
千日红	7	美女樱	24	虞美人	38
凤仙花	8	毛地黄	25	紫茉莉	39
波斯菊	10	茑萝	26	蜀葵	40
藿香蓟	12	石竹	27	锦葵	41
大花三色堇	13	蛇目菊	28	诸葛菜	42
半枝莲	14	天人菊	29	紫罗兰	43
雏菊	15	香雪球	30	长春花	44
彩叶草	16	夏堇	31	麦秆菊	45
地肤	17				

常见宿根花卉识别及应用

芍药	46	荷包牡丹	48	紫菀	50
菊花	47	荷兰菊	49	高山紫菀	51

目录

景天类 52	宿根天人菊 67	红花酢浆草 78
宿根福禄考 55	金光菊类 68	随意草 79
丛生福禄考 56	薰衣草 70	射干 80
鸢尾类 57	石碱花 71	矢车菊类 81
萱草类 60	飞燕草 72	剪秋罗类 82
玉簪 62	风铃草 73	银叶菊 83
大花金鸡菊 63	耧斗菜类 74	一枝黄花 84
宿根石竹类 64	桔梗 76	一叶兰 85
天竺葵 66	千叶蓍 77	

常见球根花卉识别及应用

百合类 86	白头翁 98	晚香玉 108
大丽花 88	铃兰 99	蛇鞭菊 109
美人蕉类 90	石蒜类 100	雪钟花 110
唐菖蒲 92	文殊兰类 102	雪滴花类 111
郁金香 93	百子莲 103	蜘蛛兰类 112
风信子 94	花贝母 104	番红花类 113
葡萄风信子 95	白芨 106	葱兰 114
朱顶红 96	绵枣儿类 107	水仙类 116
花毛茛 97		

常见水生花卉识别及应用

荷花 118	睡莲 119	王莲 120

千屈菜	121	芡实	125	凤眼莲	129
菖蒲	122	水葱	126	香蒲	130
花叶芦竹	123	慈姑	127	大薸	131
萍蓬草	124	泽泻	128	荇菜	132

常见室内花卉识别及应用

瓜叶菊	133	月季	153	豆瓣绿类	178
报春花类	134	观赏凤梨类	154	龟背竹	180
蒲包花	136	倒挂金钟	156	金钱树	181
非洲紫罗兰	137	一品红	157	富贵竹	182
大花君子兰	138	杜鹃花	158	网纹草类	183
非洲菊	139	山茶	159	白花紫露草	184
秋海棠类	140	三角梅	160	绿巨人	185
新几内亚凤仙	143	含笑	161	旱伞草	186
鹤望兰	144	桂花	162	菱叶葡萄	187
花烛类	145	万年青	163	吊兰	188
六出花	146	广东万年青类	164	绿萝	189
仙客来	147	肖竹芋类	167	吊竹梅	190
大岩桐	148	黛粉叶类	170	常春藤	191
马蹄莲	149	竹芋类	172	虎耳草	192
小苍兰	150	喜林芋类	173	文竹	193
虎眼万年青	151	彩叶芋类	176	天门冬	194
八仙花	152	朱蕉	177	肾蕨	195

目录

鸟巢蕨	196	袖珍椰子	200	马拉巴栗	204
铁线蕨	197	米兰	201	鹅掌柴	205
波斯顿蕨	198	榕类	202	香龙血树类	206
散尾葵	199				

常见仙人掌类及多浆类植物识别及应用

仙人掌	208	山影拳	215	条纹十二卷	222
仙人球	209	虎皮兰	216	玉米石	223
仙人指	210	虎刺梅	217	大叶落地生根	224
绯牡丹	211	长寿花	218	龙舌兰	225
金琥	212	石莲花	219	翡翠珠	226
蟹爪兰	213	芦荟	220	令箭荷花	227
量天尺	214	燕子掌	221		

常见兰科花卉识别及应用

生石花	228	建兰	232	大花蕙兰	236
昙花	229	墨兰	233	石斛兰	237
春兰	230	寒兰	234	卡特兰	238
蕙兰	231	蝴蝶兰	235	兜兰	239

参考文献　240
拉丁学名索引　244
中文学名索引　260

常见一、二年生花卉识别及应用

矮牵牛（*Petunia hybrida*）

别名： 碧冬茄、杂种撞羽朝颜、灵芝牡丹
科属： 茄科碧冬茄属

识别要点： 多年生草本作一、二年生栽培，株高20～60cm，全株具黏毛。茎稍立或倾卧。叶卵形，全缘，近无柄，上部对生，下部多互生。花单生叶腋或枝端，径约7cm。花萼5深裂；花冠漏斗状，先端具波状浅裂，有紫、红、粉、白等色。花期4～10月。
生态习性： 原产于南美。喜温暖，不耐寒，较耐干热，喜光，忌多雨。
园林应用： 矮牵牛品种繁多，色彩丰富艳丽，开花期长，园林中可布置花坛、花境、花丛及点缀草地，亦可盆栽。

一串红（*Salvia splendens*）

别名： 墙下红、撒尔维亚、草象牙红、爆竹红、西洋红
科属： 唇形科鼠尾草属

识别要点： 多年生草本作一年生栽培，株高为30～90cm。茎四棱，光滑，茎基木质化，茎节常为紫红色。单叶对生，卵形至心脏形，先端渐尖，叶缘有锯齿，有长柄。总状花序顶生，似串串爆竹；花萼钟状，红色2唇，宿存，与花冠同色；花冠筒状，伸出萼外，先端唇形，花冠鲜红色。小坚果卵形。花期7～10月；果熟期8～10月。

生态习性： 原产于南美洲，世界各地广泛栽培。较耐寒，忌霜冻，喜光，略耐阴，耐干旱，喜疏松、肥沃、排水良好的土壤。

园林应用： 一串红植株紧密，开花时覆盖全株，花色亮丽，是布置花坛、花境的优良材料；大片种植或盆栽装饰，气氛热烈，效果好。

常见一、二年生花卉识别及应用

万寿菊（*Tagetes erecta*）

万寿菊　孔雀草

别名： 臭芙蓉、蜂窝菊、臭菊、万寿灯
科属： 菊科万寿菊属

识别要点： 一年生草本，株高20～90cm。茎粗壮，有细棱，多分枝。叶羽状全裂，裂片有锯齿，披针形或长圆形，叶缘背面有油腺点，有强臭味，长12～15cm。头状花序顶生，花径5～8cm，多为蜂窝状，花柄长，上部膨大中空；花色有黄、橘红、乳白等色，舌状花有长爪。花期6～10月。

生态习性： 原产于墨西哥，现世界各地均有栽培。喜温暖，也耐早霜。喜阳光充足，抗性强，耐微阴，耐干旱，对土壤要求不严。

园林应用： 万寿菊花大色艳，花期长，常用作花坛、花丛、花境，也是盆栽和鲜切花的良好花材。

常见同属栽培种： 孔雀草（*T. patula*），为一年生草本，株高20～40cm。茎细长，多分枝。头状花序，径3～5cm，舌状花黄、橙、黄红色，基部边缘为红褐色，单瓣、重瓣或半重瓣。花期6～10月。

百日草（*Zinnia elegans*）

别名： 百日菊、步步高、鱼尾菊
科属： 菊科百日草属

识别要点： 一年生草本，株高50~90cm，全株被毛。茎直立粗壮。叶对生，全缘，长4~15cm，卵形至长椭圆形，基部抱茎。总苞片瓦状；头状花序单生顶端，具长梗，径为6~10cm，呈紫、红、黄、白等色。花期6~9月。

生态习性： 原产于墨西哥，中国普遍栽培。性强健，不耐寒；喜温暖，喜光，忌暑热；耐半阴，较耐旱。

园林应用： 百日草生长迅速，花色繁多而艳丽，是夏秋花境、丛植、列植的重要花卉，也可用作切花。矮生品种宜布置花坛或盆栽观赏。

常见一、二年生花卉识别及应用

翠菊（*Callistephus chinensis*）

别名： 江西腊、七月菊
科属： 菊科翠菊属

识别要点： 一、二年生草本，株高20～90cm，全株疏生短毛。茎直立，上部多分枝。叶互生，卵形至长椭圆形，叶缘有钝锯齿，下部叶有柄，上部叶无柄。头状花序顶生，径为3～15cm；舌状花一至数轮，花色丰富，有蓝、紫、白、红及浅黄等色；总苞片多层，苞片叶状。春播花期7～10月，秋播花期5～6月。

生态习性： 原产于中国北部和西南部，朝鲜。生于山坡草丛、水边地。喜光，要求夏季凉爽而通风的环境，耐寒性不强，忌酷暑多湿，稍耐阴。喜富含腐殖质而排水良好的沙壤土，浅根性，不宜连作。

园林应用： 翠菊花色丰富，品种类型繁多，适宜布置花坛、花境。矮型品种宜盆栽或花坛边缘种植；高型品种是良好的切花材料。

鸡冠花（*Celosia cristata*）

别名： 红鸡冠
科属： 苋科青葙属

识别要点： 一年生草本，株高25～90cm。茎直立，粗壮，少分枝，有棱线或沟。叶互生，有柄，长卵形或卵状披针形，宽2～6cm，绿色、黄绿、红绿或红色，全缘或有缺刻。穗状花序顶生，肉质、扁平，顶部边缘波状，具绒质光泽，似鸡冠；花序上部花多退化而密被羽状苞片，中下部集生小花，苞片及花被紫红色或黄色。叶与花色常有相关性。种子黑色，具光泽。花期7～11月。

生态习性： 原产于非洲、美洲热带和印度，世界各地广为栽培。喜炎热、干燥，不耐寒，喜光，忌阴湿。要求肥沃、疏松的沙壤土。

园林应用： 鸡冠花花序顶生、显著，形状奇特，色彩丰富，有较高的观赏价值，是夏秋花境、花坛的重要花卉。还可作盆花、切花。

鸡冠花

凤尾鸡冠

常见一、二年生花卉识别及应用

千日红（*Gomphrena globosa*）

别名： 火球花、杨梅花、千年红、千日草
科属： 苋科千日红属

识别要点： 一年生草本，高20～60cm。茎直立，有分枝，全株密被灰色柔毛。叶对生，长椭圆形至倒卵形，全缘。长圆形头状花序，1～3个簇生于长总梗端；花序基部有2枚叶状总苞；小花有2枚干膜质三角状披针形小苞片，紫红色，有光泽。

生态习性： 原产于亚洲热带。喜温暖，不耐寒，耐炎热、干燥气候。喜阳光充足。要求疏松、肥沃的土壤，耐旱性强。

园林应用： 千日红株型整齐，花期长，花色经久不褪，耐炎夏高温与干旱，是夏秋花坛、花境的极佳材料，也是制作干花、装饰花篮、花环的好材料。

凤仙花（*Impatiens balsamina*）

别名： 指甲花、小桃红、急性子
科属： 凤仙花科凤仙花属

识别要点： 一年生草本，株高20～80cm。茎直立，光滑，有分枝，浅绿或晕红褐色，茎色与花色相关。叶互生，狭至阔披针形，缘有锯齿，叶柄两侧具腺体。花单朵或数朵簇生于上部叶腋，两侧对称，或呈总状花序状；花色有白、黄、粉、紫、红等色或有斑点；萼片3，特大一片膨大，中空、向后弯曲为距，花瓣状。果实成熟后易开裂，弹出种子。花期6～9月；果熟期7～10月。
生态习性： 原产于中国、印度和马来西亚。中国南北各地久经栽培。

凤仙花

常见一、二年生花卉识别及应用

非洲凤仙

喜充足阳光、温暖气候、耐炎热、畏霜冻。对土壤适应性强,喜土层深厚、排水良好、肥沃的沙质壤土,在瘠薄土壤上亦能生长。

园林应用: 凤仙花花色品种极为丰富,宜栽于花坛、花境,为篱边庭前常栽草花。矮性品种亦可进行盆栽。

常见同属栽培种: 非洲凤仙(*I. walleriana*),多年生草本作一年生栽培,株高20～25cm。茎直立,肉质,多分枝,在株顶呈平面开展。叶心形,边缘钝锯齿状。花腋生,1～3朵,花形扁平,直径3cm的花朵可覆盖整个植株;有单瓣和重瓣品种,且花色丰富,有杏红、橙红、樱桃红、白和鲜红等20多种颜色,可四季开花。花期6～9月;果熟期7～10月。

波斯菊（*Cosmos bipinnatus*）

波斯菊

别名： 秋英、大波斯菊、扫帚梅
科属： 菊科秋英属

识别要点： 一年生草本，株高120～200cm，株形开张。茎直立，具沟纹，光滑或具微毛。叶对生，2回羽状全裂，裂片线形，全缘，较稀疏。头状花序顶生或腋生，有长总梗；舌状花一般单轮，截形或有微齿，8枚，呈粉红、白、深红色，先端呈齿状；管状花黄色，结实。花期8月至霜降。

生态习性： 原产于墨西哥，现世界各地广泛栽培。性强健，喜温暖、凉爽、湿润的气候，不耐严寒酷暑，喜光，稍耐阴，耐干旱瘠薄，忌炎热多湿。怕大风，宜种植于背风处。

常见一、二年生花卉识别及应用

园林应用：波斯菊株形洒脱，叶形雅致，开花繁多，花色丰富，生性强健。可配植花丛、花群、地被，用作花境背景，宅旁散植，点缀山石崖坡。也可与其他花卉混播，形成混合地被，颇有野趣。也很适宜作切花。

常见同属栽培种：硫华菊（*C.sulfurous*），又称黄波斯菊。一年生草本，高1～2m。茎具柔毛，上部多分枝。叶2～3回羽状深裂，裂片较波斯菊宽。花比波斯菊略小，舌状花常2轮，橘黄色或金黄色，管状花黄色。

硫华菊

藿香蓟（*Ageratum conyzoides*）

别名： 胜红蓟、咸虾花、蓝翠球
科属： 菊科藿香蓟属

识别要点： 一年生草本，高30~60cm，全株具毛。叶对生，卵形或菱状卵形。头状花序径约0.6cm，着生枝顶，小花筒状，无舌状花，蓝色或粉白色。

生态习性： 原产于美洲热带，中国广布长江流域以南各地，低山、丘陵及平原普遍生长。要求阳光充足，适应性强。

园林应用： 藿香蓟花朵繁多，色彩淡雅，株丛有良好的覆盖效果，宜布置为花丛、花群或小径沿边种植，也是良好的地被植物。

常见一、二年生花卉识别及应用

大花三色堇（*Viola* × *wittrockiana*）

别名： 鬼脸花、猫脸花
科属： 堇菜科堇菜属

识别要点： 多年生草本作二年生栽培，株高15～30cm。茎多分枝、光滑，稍匍匐状生长。叶互生，基生叶近心形，茎生叶较狭长，边缘浅波状；托叶大，宿存，基部呈羽状深裂。花大，腋生，径达4～6cm，下垂，两侧对称，花瓣5，一瓣有短钝之距，两瓣有线状附属体；花有黄、白、紫三色或单色。花期4～6月。

生态习性： 原产于欧洲，世界各地广为栽培。较耐寒，喜凉爽，忌酷热。要求肥沃、湿润的沙壤土。

园林应用： 株形低矮、花色浓艳、花小巧而有丝质光泽，在阳光下非常耀眼，是优良的花坛和边缘花卉。也可作地被、盆栽以及用作切花。

半枝莲（*Portulaca grandiflora*）

别名： 太阳花、草杜鹃、龙须牡丹、洋马齿苋、松叶牡丹、死不了
科属： 马齿苋科马齿苋属

识别要点： 一年生肉质草本，株高10～30cm。茎下垂或匍匐状斜伸，肉质。叶互生，稀疏，肉质，圆柱形，无柄。花一至数朵生于枝端，径2～4cm，单瓣或重瓣；有红、橙、黄、白、粉、玫瑰红、复色及斑纹等花色的栽培类型。花期6～9月。

生态习性： 原产于南美巴西，世界各地广为栽培。喜光、喜温暖、不耐寒，耐干旱、瘠薄的土壤，但以疏松、湿润的沙壤土为宜。在中午阳光下花朵才能盛开，阴天关闭。

园林应用： 半枝莲植株低矮，花色丰富，栽培容易，是岩石园、草坪和花坛镶边的良好材料，又可盆栽摆设花坛，也是屋顶绿化的良好材料。

常见一、二年生花卉识别及应用

雏菊（*Bellis perennis*）

别名： 马兰头花、春菊、延命菊
科属： 菊科雏菊属

识别要点： 多年生草本常作一、二年生栽培，株高3～15cm。叶基生，匙形或倒长卵形。花葶自叶丛中抽出，高出叶面；头状花序着生葶端，单生，径为3～5cm；舌状花平展，线形，淡红色或白色；筒状花黄色，结实。花期3～6月。

生态习性： 原产于西欧、地中海沿岸、北非和西亚。性强健，较耐寒，忌炎热、多雨。喜肥沃、疏松、排水良好的土壤。

园林应用： 雏菊植株小巧玲珑，花期早，宜布置花坛、花境、草坪的边缘。与三色堇、金盏菊或春季开花的球根花卉配植，效果很好。还可盆栽观赏。

彩叶草（*Coleus blumei*）

别名： 五彩苏、洋紫苏、锦紫苏
科属： 唇形科锦紫苏属

识别要点： 多年生草本作一年生栽培，株高50～80cm，全株有毛。茎通常紫色，四棱形。叶对生，卵形，叶膜质，其大小、形状及色泽变异很大，通常卵圆形，先端长渐尖，缘具钝齿，常有深缺刻；叶有金黄、玫瑰红或混色，或绿色叶着浅黄、鲜红色叶脉，两面被微毛，下面常散布红褐色腺点；叶柄长1～5cm，扁平。轮伞花序顶生，组成圆锥花序，花多，花上唇白色，下唇蓝色。花期7月。

生态习性： 原产于印度尼西亚，我国栽培广泛。喜温暖、湿润、光照充足环境，适宜肥沃、疏松、排水良好的沙质土壤。耐寒力较强。

园林应用： 叶色丰富美丽，是重要的观叶植物，可布置花坛、花带、花境、草坪边缘或山坡图案栽植。也可用于室内装饰和切叶瓶插。

常见一、二年生花卉识别及应用

地肤（*Kochia scoparia*）

别名： 扫帚草、孔雀松
科属： 藜科地肤属

识别要点： 一年生草本，全株被短柔毛，株形密集呈卵圆至圆球形，高1～1.5m。茎基部半木质化，多分枝。单叶互生，叶线形，细密，草绿色，秋凉变暗红色。花小，不显著，单生或簇生叶腋。
生态习性： 原产于欧亚两洲，中国北方多见野生。喜阳光、温暖，不耐寒，极耐炎热，耐盐碱、耐干旱、耐瘠薄。对土壤要求不严。
园林应用： 宜于坡地草坪自然式栽植，株间勿过密，以显其株型；也可用作花坛中心材料，或成行栽植为短期绿篱之用，成长迅速整齐。

牵牛（*Pharbitis nil*）

别名：裂叶牵牛、喇叭花
科属：旋花科牵牛属

识别要点： 一年生缠绕性藤本，全株具粗毛。叶互生，阔卵状心形，常呈3裂，中间裂片特大，两侧裂片有时又浅裂，常具白绿色条斑，叶柄长。聚伞花序腋生，花大，呈漏斗状喇叭形，花径达15cm，檐部常呈皱褶扇贝状，有不同颜色斑驳、镶嵌，或边缘有不同颜色，花色有白、粉、玫瑰红、紫、蓝、复色等。花期夏秋。

生态习性： 原产于亚洲热带及亚热带，各地广为栽培。性健壮，喜温暖、湿润气候和阳光，稍耐半阴及干旱、瘠薄土壤。为短日照植物。

园林应用： 牵牛为夏秋常见的蔓性草花，花朵朝开夕落，宜植于游人早晨活动之处，也可作垂直绿化材料，用以攀缘棚架，覆盖墙垣、篱笆；或用作地被。

常见一、二年生花卉识别及应用

旱金莲 (*Tropaeolum majus*)

别名: 旱金莲花、草荷花、大红雀
科属: 旱金莲科旱金莲属

识别要点: 多年生稍肉质草本作一、二年生栽培。茎细长,半蔓性或倾卧,长可达1.5m,光滑无毛。叶互生,具长柄,近圆形,叶被蜡质层,形似莲叶。花单生,左右对称,梗细长,萼片5,基部合生,其中有1枚延伸成距,花瓣5枚,具爪,上面2瓣距常较大,下面3瓣较小,花有乳白、浅黄、深紫红、橘红及红棕等色。花期7~9月。

生态习性: 原产于南美,中国各地广泛栽培。喜温暖、湿润,不耐寒,一般能耐0℃的低温,越冬温度10℃以上。喜阳光充足,稍耐阴,宜肥沃而排水良好的沙质土壤。

园林应用: 旱金莲茎叶优美,花大鲜艳,形状奇特,花期较长,可用于垂直绿化、配植花坛、种植于假山石旁、盆栽。

花菱草（*Eschscholtzia californica*）

别名： 金英花、人参花
科属： 罂粟科花菱草属

识别要点： 多年生草本作一、二生栽培，株高20～70cm，全株被白粉，无毛，蓝灰色，株形铺散或直立，多汁。根肉质。叶基生为主，羽状细裂，裂片线形至长圆形。花单生于茎或分枝顶端，杯状，花瓣4枚，橙黄色，扇形，日中盛开。花期4～8月。
生态习性： 原产于美国。喜冷凉干燥、光照充足的环境，较耐寒，忌高温、高湿。炎热的夏季处于半休眠状态，常枯死，秋后再萌发。
园林应用： 花菱草姿态飘逸，叶片细腻，花色艳丽，中午盛开时遍地锦绣，为美丽的春季花卉。适宜布置花带、花境，可片植于草坪作地被，也可用于切花和盆栽观赏。

常见一、二年生花卉识别及应用

金盏菊（*Calendula officinalis*）

别名： 金盏花、黄金盏、长春菊、长生菊
科属： 菊科金盏菊属

识别要点： 一、二年生草本，株高30～60cm，全株有白色糙毛，多分枝。叶互生，矩圆形至矩圆状卵形，全缘或有不明显锯齿；基生叶有柄，茎生叶基部抱茎。头状花序顶生，圆盘形，舌状花平展，黄色或橘红色，结实；筒状花黄色，不结实。花期3～6月。

生态习性： 原产于地中海。喜阳光，较耐寒，喜冬季温暖、夏季凉爽；忌炎热、干燥的气候，对土壤及环境条件要求不严，但种在疏松、肥沃的土壤和日照充足的地方，生长、开花更好。

园林应用： 金盏菊早春开花，花期一致，花大色艳，是布置春季花坛、花境的常见花卉，随时剪除残花，则开花不绝。也可作切花和盆花。

金鱼草 (*Antirrhinum majus*)

别名: 龙头花、龙口花、洋彩雀
科属: 玄参科金鱼草属

识别要点: 多年生草本作一、二年栽培,株高15~120cm。茎直立,有分枝,基部木质化。叶对生或上部螺旋状互生,披针形,全缘。总状花序顶生,长为25~60cm;花冠筒状唇形,基部囊状,上唇直立、2裂,下唇开展、3裂,有红、紫、黄、橙、白或复色。花期5~7月。

生态习性: 原产于地中海沿岸及北非。性喜凉爽气候,较耐寒,忌炎热。喜光,略耐阴。要求疏松、排水良好的肥沃土壤,在中性或稍碱性土壤中生长更好。

园林应用: 金鱼草花形别致,花色丰富,宜群植于花坛、花丛、花境中。高型种宜作切花;矮型种宜布置岩石园、花坛或盆栽观赏。

常见一、二年生花卉识别及应用

醉蝶花（*Cleome spinosa*）

别名： 西洋白花菜、紫龙须、风蝶草
科属： 白花菜科醉蝶花属

识别要点： 一年生草本，高90～120cm，有强烈臭味和黏质腺毛。掌状复叶；小叶5～7枚，矩圆状披针形。总状花序顶生，稍有腺毛；花瓣玫瑰紫色或白色，倒卵形，有长爪；雄蕊6，蓝紫色，伸出花瓣之外。花期7～9月。

生态习性： 原产于南美，中国各地均有栽培。适应性强，喜高温，较耐暑热，不耐寒；喜阳光充足；对土壤要求不严。

园林应用： 醉蝶花的花瓣轻盈飘逸，盛开时似蝴蝶飞舞，颇为有趣，可在夏秋季节布置花坛、花境，也可作盆栽观赏。

-23-

美女樱（*Verbena hybrida*）

别名： 铺地草、美人樱、四季绣球
科属： 马鞭草科马鞭草属

识别要点： 多年生草本，株高30～50cm。茎四棱，多分枝，全株具灰色柔毛。叶对生，穗状花序顶生、开花时似伞房状；花小而密集，花色有紫、粉、蓝、白、红等，还有复色类型。花期6～9月。

生态习性： 原产于巴西、秘鲁及乌拉圭等地。喜温暖，耐炎热，不耐严寒，不耐干旱。要求疏松、湿润、肥沃、排水良好的土壤。

园林应用： 美女樱茎叶平卧，花繁而美丽，花色丰富，花期长，是花坛、花境的好材料，也可用作地被植物，矮生品种适宜盆栽观赏。

常见一、二年生花卉识别及应用

毛地黄（*Digitalis purpurea*）

别名： 自由钟、洋地黄
科属： 玄参科毛地黄属

识别要点： 二年生或多年生草本，株高90～120cm，全株密生柔毛。茎直立。叶粗糙、皱缩，基生叶具长柄，卵形至卵状披针形；茎生叶柄短或无，长卵形，叶形由下至上渐小。顶生总状花序，花冠钟状，于花序一侧下垂，花紫色，筒部内侧色浅白，并有暗紫色细点及长毛。花期6～8月。

生态习性： 原产于欧洲西部，各地广泛栽培。略耐干旱，较耐寒，可在半阴环境下生长，要求中等肥沃、湿润且排水良好的壤土。

园林应用： 毛地黄植株高大，花序挺拔，花形优美，色彩明亮。宜作为花境的背景材料，亦可丛植、盆栽。

茑萝（*Quamoclit pennata*）

别名： 游龙草、羽叶茑萝、锦屏封
科属： 旋花科茑萝属

识别要点： 一年生缠绕草本。茎细长光滑。叶互生，羽状全裂，裂片线形、整齐。聚伞花序腋生，着花一至数朵，高出叶面；花冠高脚碟状，鲜红色，呈五角星形，筒部细长。花期8～10月。
生态习性： 原产于美洲热带，全球广为栽培。喜温暖、喜光。不耐寒，对土壤要求不严。
园林应用： 茑萝叶纤细、翠绿，缀以鲜红色的小花，十分别致，是美化棚架、篱垣的优良材料，还可以盆栽。

常见一、二年生花卉识别及应用

石竹（*Dianthus chinensis*）

别名： 中国石竹、洛阳花、草石竹、竹节花
科属： 石竹科石竹属

识别要点： 多年生草本常作一、二年生栽培，株高30～50cm。茎直立或基部稍呈匍匐状，无或顶部有分枝。单叶对生，灰绿色，线状披针形。花单生或数朵成疏聚伞花序，花径约3cm，花梗长，单瓣5枚或重瓣，边缘不整齐齿裂，有红、紫、粉、白及复色。花期4～9月。

生态习性： 原产于中国、日本、朝鲜半岛及欧洲，分布于东北、华北、西北和长江流域。喜光，耐寒、耐旱，忌水涝，不耐酷暑。适宜栽植在向阳通风、疏松、肥沃的石灰质土中，不宜在黏土中栽植。

园林应用： 石竹株型整齐，花朵繁密，色彩丰富、鲜艳，花期长，可片植作地被；广泛用于花坛、花境及镶边植物，也可布置岩石园；可用于切花、盆栽。

蛇目菊（*Coreopsis tinctoria*）

别名：两色金鸡菊、小波斯菊、金钱菊、金钱梅
科属：菊科金鸡菊属

识别要点：一、二年生草本，株高30～90cm，全株光滑无毛。茎上部多分枝。叶对生，基生叶2～3回羽状深裂，裂片线形或披针形。头状花序常数个排列呈疏散的聚伞花序，顶生，具细长总梗；舌状花通常单轮，金黄色，基部或中下部红褐色，端具裂齿；管状花紫褐色。花期5～8月。

生态习性：原产于北美中部地区，世界各国多有栽培。喜阳光充足、夏季凉爽的环境，耐寒力强，耐干旱瘠薄，忌酷暑。

园林应用：蛇目菊着花繁密，花丛舒展轻盈，花朵雅致玲珑，宜成片栽植作地被植物，任其自播繁衍；也可丛植作花境，或用于花坛、路边等地。

天人菊(*Gaillardia pulchella*)

别名: 虎皮菊、六月菊
科属: 菊科天人菊属

识别要点: 一年生草本,高30~50cm,多分枝。叶互生,矩圆形,全缘或基部叶呈羽状,近无柄。头状花序顶生,具长梗,舌状花黄色,基部紫红色;管状花黄色。花期6~9月。

生态习性: 原产于美洲,中国各地广泛栽培。耐干旱炎热,不耐寒,耐初霜,喜光,也耐半阴,宜排水良好的疏松土壤。耐风、耐旱,是良好的防风固沙植物。

园林应用: 天人菊是很好的沙地绿化、美化、定沙草本植物。可植于花带、花坛、花境或草坪边缘,也可作切花。

香雪球（*Lobularia maritima*）

别名：庭荠、小白花
科属：十字花科香雪球属

识别要点：多年生草本作一、二年生栽培，株高15～30cm，多分枝。叶互生，线形或披针形，全缘。总状花序顶生，总轴短，小花密集成球状，花瓣4枚，花色多，微香。花期3～6（10）月。

生态习性：原产于地中海，世界各地广为栽培。喜冷凉干燥的气候，稍耐寒，忌湿热，喜光，也耐半阴。不择土壤，但在湿润、肥沃、疏松、排水良好条件下生长尤佳。耐海边盐碱空气。

园林应用：香雪球植株低矮匐地，盛开时晶莹洁白，花质细腻，芳香而清雅，非常美丽。是花坛、花境的优良镶边材料。宜布置岩石园和花境，也可小面积片植作地被或盆栽。

常见一、二年生花卉识别及应用

夏堇（*Torenia fournieri*）

别名： 蓝猪耳、蝴蝶草、花公草
科属： 玄参科蓝猪耳属

识别要点： 一年生草本，株高30～50cm。茎光滑，多分枝，四棱形，基部略倾卧，株形整齐而紧密。叶对生，端部短尾状，基部心形。花着生于上部叶腋或呈总状花序；花唇形，淡青色，下唇边缘堇蓝色，中央具黄斑；萼筒状膨大，有宽翅，花形似金鱼草。花期6～10月。

生态习性： 原产于亚洲热带地区。喜高温，耐炎热。喜光，耐半阴，对土壤要求不严。生长强健，需肥量不大，在阳光充足、肥沃、湿润的土壤上开花繁茂。

园林应用： 适宜盆栽和花坛种植。

霞草（*Gypsophila elegans*）

别名： 满天星、丝石竹
科属： 石竹科丝石竹属

识别要点： 一、二年生草本，株高30～45cm，全株平滑。上部分枝纤细而开展，具白粉。叶披针形，粉绿色。花小，径0.6～1cm，白或水红色，花梗细长，聚伞花序组成疏松的大型花丛。花期5～6月。
生态习性： 原产于高加索至西伯利亚，中国各地广泛栽培。性耐寒，要求阳光充足而凉爽环境。耐瘠薄和干旱，但以排水良好，具腐殖质的石灰性壤土为好。
园林应用： 霞草繁花点点，姿态轻盈，极为优美。常用于与其他草花混种，也可用作切花配材。

常见一、二年生花卉识别及应用

五色草（*Alternanthera bettzickiana*）

别名：锦绣苋、红绿草
科属：苋科虾钳菜属

识别要点：多年生草本作一年生栽培，株高20～50cm。茎多分枝，上部四棱形，下部圆柱形。叶片矩圆形、矩圆倒卵形或匙形，顶端急尖或圆钝，有凸尖，基部渐狭，边缘皱波状，绿色或红色，或部分绿色杂以红色或黄色斑纹。分枝能力极强，可以修剪控制高度。

生态习性：原产于巴西，现中国各大城市栽培。喜温暖而畏寒，宜阳光充足，喜高燥的沙质土。

园林应用：五色草植株低矮，叶色鲜艳，耐修剪，是优良的观叶植物，是布置模纹花坛的好材料。

月见草（*Oenothera biennis*）

别名： 山芝麻、束风草
科属： 柳叶菜科月见草属

识别要点： 二年生草本，也可作一年生栽培，株高1～1.5m，全株具毛。分枝开展，基部带木质。叶互生，倒披针形至卵圆形。花黄色，径4～5cm，成对簇生于枝上部之叶腋；傍晚开花至凌晨凋谢，具清香。花期6～9月。

生态习性： 原产于北美。喜阳光充足而高燥之地，耐寒、耐旱、耐贫瘠。

园林应用： 高大种类可用作开阔草坪的丛植、花境或基础栽植，有近似花灌木的效果；中矮种类可用于小路沿边布置或假山石点缀，也宜作大片地被花卉。更宜植于傍晚或夜间游人散步游憩之地，是夜花园的良好植物材料。

常见一、二年生花卉识别及应用

羽衣甘蓝
(*Brassica oleracea* var. *acephala* f. *tricolor*)

别名：叶牡丹、花苞菜
科属：十字花科甘蓝属

识别要点：二年生草本。叶倒卵形，宽大而肥厚，叶面皱缩，被白粉，叶缘细波状褶皱；外部叶片呈绿色，内叶叶色极为丰富，有紫红、粉红、白、黄等色。观叶期在11月～翌年2月。

生态习性：中国各地有栽培。耐寒，喜光，喜凉爽、湿润的气候。要求富含有机质、疏松、湿润、排水良好的土壤。

园林应用：羽衣甘蓝叶色鲜艳，色彩丰富，耐寒，是冬季露地重要的观叶花卉。在长江流域及其以南地区，多用于布置冬季花坛、花台，也可盆栽观赏。

银边翠(*Euphorbia marginata*)

别名: 高山积雪、象牙白、初雪草
科属: 大戟科大戟属

识别要点: 一年生草本,株高50~70cm,全株被柔毛或无毛。茎直立,中部以上叉状分枝。叶卵形至矩圆形或椭圆状披针形,下部的叶互生,绿色,顶端的叶轮生,边缘白色或全部白色,全缘。杯状聚伞花序,生于上部分枝的叶腋处,总苞杯状,有白色花瓣状附属物。花期7~8月。

生态习性: 原产于北美洲,中国各地广泛栽培。喜光,亦耐半阴,适宜湿润环境和疏松、肥沃土壤。

园林应用: 银边翠植株浅绿,顶端银白色,为良好的花坛背景材料,亦可作林缘地区及盆栽,也可作插花配叶。

雁来红（*Amarranthus tricolor*）

别名： 三色苋、老来少
科属： 苋科苋属

识别要点： 一年生草本，株高100～140cm。茎直立、粗壮，绿色或红色，常分枝。叶卵圆至卵状披针形，绿色或常成红色，紫色或黄色，或部分绿色加杂其他颜色；叶片基部常暗紫色；入秋梢叶中下部或全叶变为黄及艳红色，很美丽。花小不显，穗状花序集生于叶腋。花期5～8月。

生态习性： 原产于印度，中国各地有栽培。性喜阳光充足、高燥而排水良好的土壤，忌湿热或积水。

园林应用： 雁来红植株高大，顶叶艳丽，最宜自然丛植，或作花境背景，也可点缀院落角隅或作基础栽植。

虞美人（*Papaver rhoeas*）

别名： 丽春花
科属： 罂粟科罂粟属

识别要点： 一年生草本，株高30～80cm，全株被糙毛，具白色乳汁。茎细长，分枝。叶互生，不规则羽状深裂。花单生于梗顶，蕾时下垂，卵球形；花瓣4枚，质薄似绢，有光泽，花色丰富，有红、白、粉等色，或红色镶有白边，以及基部有紫色斑等。花期4～7月。

生态习性： 原产于欧亚大陆的温带地区，现世界各地广泛栽培。性喜温暖、阳光充足的环境，耐寒，忌高温、高湿。要求深厚、肥沃、疏松的土壤。

园林应用： 花色绚丽，姿态飘逸，可成片栽植作地被，也可布置花坛、花境。

常见一、二年生花卉识别及应用

紫茉莉（*Mirabilis jalapa*）

别名： 胭脂花、夜晚花、地雷花
科属： 紫茉莉科紫茉莉属

识别要点： 多年生草本常作一年生栽培，高可达1m。块根肥粗，肉质。主茎直立，侧枝散生，节膨大。单叶对生，卵状心形，全缘。花瓣缺，花萼花瓣状，喇叭形，花常数朵簇生枝端；花色有黄色、白色、玫瑰红色，或有斑纹及二色相间等；花傍晚开放，有香气。花期6～10月。

生态习性： 原产于南美洲热带地区。喜温暖、湿润的环境，不耐寒，喜半阴，不择土壤。

园林应用： 紫茉莉性强健，生长迅速，花冠夜开昼合，黄昏散发浓香，宜作地被植物，也可丛植于房前屋后、篱垣旁。

蜀葵（*Althaea rosea*）

别名： 蜀季花、一丈红、熟季花、端午锦
科属： 锦葵科蜀葵属

识别要点： 二年生草本，株高达1~3m。茎直立，不分枝，枝、叶被毛。叶大，互生，近圆或心形，表面粗糙，具长柄。花单生叶腋，径7~9cm，花瓣倒卵状三角形，有白、黄、粉、红、紫、墨紫及复色，单瓣、复瓣或重瓣品种。花期5~9月，由下向上逐渐开放。

生态习性： 原产于中国西南部，现世界各地广为栽培。性喜凉爽气候，忌炎热与霜冻，喜阳光，略耐阴，宜土层深厚、肥沃、排水良好土壤。

园林应用： 蜀葵植株挺立，叶大花繁，颜色丰富，植于建筑物前、庭园周边、群植林缘、列植花境作背景均极相宜，或用作切花。

常见一、二年生花卉识别及应用

锦葵（*Malva sylvestris*）

别名： 小熟季花
科属： 锦葵科蜀葵属

识别要点： 二年生草本，株高60～100cm，少分枝，具粗毛。叶圆心形或肾形，具长柄，缘有5～7钝齿波状浅裂，裂具粗齿。花数朵簇生叶腋，花梗明显较叶柄短，并且花柄长短不等，花色紫红、浅粉或白色，径2.5～3.5cm。花期5～7月。

生态习性： 原产于欧亚的温带地区，中国各地常见栽培。耐寒，耐干旱，不择土壤，以沙质土壤最为适宜。生长势强，喜阳光充足。

园林应用： 常作花境背景，丛植或角隅点缀。

诸葛菜（*Orychophragmus violaceus*）

别名：二月蓝
科属：十字花科诸葛菜属

识别要点：一、二年生草本，株高10～50cm，无毛，有粉霜。基生叶和下部叶具柄；中部叶具卵形顶生裂片，抱茎；上部叶矩圆形，不裂，基部两侧耳状，抱茎。总状花序顶生，花瓣4枚，紫色，径约2cm。花期3～5月。
生态习性：原产于华东、华北、东北地区。生于平原、山地、路旁或地边。耐阴，耐寒，不择土壤，自播能力强。
园林应用：诸葛菜早春开花成片，连续数月，适宜作林缘、河滩观花地被，成片栽植充满野趣。

常见一、二年生花卉识别及应用

紫罗兰（*Matthiola incana*）

别名： 草紫罗兰、草桂花
科属： 十字花科紫罗兰属

识别要点： 多年生草本作一、二年生栽培，株高30~60cm，全株具柔毛。茎直立，多分枝，基部稍木质化。叶互生，长圆形至倒披针形，全缘。总状花序顶生或腋生，花梗粗壮，花白、紫、红及复色，具香气。花期4~5月。

生态习性： 原产于欧洲地中海沿岸，各地园林常见栽培。喜冷凉气候，冬季能耐-5℃温度，忌燥热。要求肥沃、湿润及深厚的土壤，喜阳光充足，能稍耐半阴。

园林应用： 紫罗兰色浓花香，花期长，是春季花坛的主要花卉，也是很好的切花材料。

长春花（*Catharanthus roseus*）

别名： 日日草、山矾花
科属： 夹竹桃科长春花属

识别要点： 多年生草本或半灌木，株高30～60cm。茎直立，基部木质化。单叶对生，膜质，倒卵状矩圆形，常浓绿色而有光泽。聚伞花序顶生或腋生，有花2～3朵，花筒细长，高脚碟状；花色有蔷薇红、纯白、白而喉部具红黄斑等。花期春至深秋。

生态习性： 原产于非洲东部。中国园林常见栽培。喜湿润的沙质壤土。要求阳光充足，但忌干热，故夏季应充分灌水，且置于略阴处开花较好。

园林应用： 多用于布置花坛，北方也常盆栽作温室花卉，可四季观赏。

麦秆菊（*Helichrysum bracteatum*）

别名： 蜡菊、贝细工、干巴花
科属： 菊科蜡菊属

识别要点： 多年生草本常作一、二年生栽培，全株被微毛。茎粗硬直立，仅上部有分枝。叶互生，长椭圆状披针形，全缘，近无毛。头状花序单生枝顶，径为3~6cm；总苞片多层，膜质，覆瓦状排列，外层苞片短，内部各层苞片伸长酷似舌状花，有白、黄、橙、褐、粉红及暗红等色。花期7~9月。

生态习性： 原产于澳大利亚。不耐寒，喜阳光充足、温暖，忌酷热，宜湿润、肥沃、排水良好的稍黏质土壤。

园林应用： 多应用于花坛，林缘自然丛植，也可用作干花材料，因其花干后不凋落，如蜡制成，是制作干花的良好材料，是自然界特有的天然"工艺品"，色彩干后不褪色。

芍药（*Paeonia lactiflora*）

别名： 将离、婪尾春、没骨花、殿春、绰约
科属： 毛茛科芍药属

识别要点： 株高可达1m。具粗大肉质根。茎丛生。2回三出羽状复叶。小叶通常三深裂，椭圆形、狭卵形至披针形，绿色，近无毛。花一至数朵着生于茎上部顶端，花紫红、粉红、黄或白色，尚有淡绿色品种。花期4～5月。

生态习性： 芍药在中国自然分布广泛，各地均有栽培。喜向阳处，稍有遮阴开花尚好。性极耐寒，北方均可露地越冬。要求土层深厚、肥沃，排水良好，土质以壤土和沙质壤土为宜。

园林应用： 为中国传统名花，古称"花相"，适应性强。常作专类园观赏，或用于花境、花坛及自然式栽植。亦可盆栽。

常见宿根花卉识别及应用

菊花（*Dendranthema grandiflora*）

别名： 黄花、节花、秋菊、犁食、节华、金蕊
科属： 菊科菊属

识别要点： 株高可达20～200cm。茎基部半木质化。叶大，互生，有柄，卵形至披针形，羽状浅裂至深裂。头状花序单生或数个聚生茎顶，微香；有白、粉红、雪青、玫瑰红、紫红、墨红、黄、棕色、淡绿及复色等。

生态习性： 中国是菊花的原产地，现世界各地均有分布。是典型的短日照植物，喜凉爽气候，喜光照，喜深厚、肥沃、排水良好的沙质壤土。

园林应用： 菊花是中国的传统名花，花文化丰富。为园林中重要花卉，广泛用于花坛、花境及岩石园等；盆栽观赏也深受中国人民喜爱；菊花在世界上是重要的切花之一，在切花销售额中常居首位。此外，切花还可供花束、花圈、花篮制作。

荷包牡丹（*Dicentra spectabilis*）

别名：兔儿牡丹、铃儿草
科属：罂粟科荷包牡丹属

识别要点：株高30～60cm。具肉质根状茎。叶对生，2回三出羽状复叶，状似牡丹叶，叶具白粉，有长柄。总状花序顶生呈拱状，花下垂向一边，鲜桃红色，有白花变种；花瓣外面2枚基部囊状，内部2枚近白色，形似荷包。

生态习性：原产于中国、西伯利亚及日本。喜光，可耐半阴，性强健，耐寒而不耐夏季高温，喜湿润，不耐干旱。

园林应用：荷包牡丹花似小荷包，悬挂在花梗上优雅别致。宜布置花境、花坛，也可以盆栽，作促成栽培，切花。还可以点缀岩石园或在林下大面积种植。

常见宿根花卉识别及应用

荷兰菊（*Aster novi-belgii*）

别名： 柳叶菊、小蓝菊
科属： 菊科紫菀属

识别要点： 全株光滑无毛。茎直立，丛生，基部木质。叶长圆形或线状披针形，对生，叶基略抱茎，暗绿色。多数头状花序顶生而组成伞房状，花淡紫色或紫红色。花期8～10月。

生态习性： 原产于欧洲及北美地区，现世界各地均有种植。性喜阳光充足和通风的环境，适应性强，喜湿润但耐干旱、耐寒、耐瘠薄，对土壤要求不严。在中国东北地区可露地越冬。

园林应用： 荷兰菊适于盆栽和布置花坛、花境等。更适合作花篮、插花的配花。

紫菀（Aster tataricus）

别名： 青菀、紫倩、山白菜
科属： 菊科紫菀属

识别要点： 多年生草本。茎直立。基生叶丛生，长椭圆形；茎生叶互生，卵形或长椭圆形，渐上无柄。头状花序排成伞房状；总苞半球形，边缘紫红色；舌状花蓝紫色，筒状花黄色。花期7~8月。

生态习性： 在中国甘肃、东北均有分布。喜温暖、湿润气候，耐涝，怕干旱，耐寒性较强。对土壤要求不严，除盐碱地和沙土地外均可种植。

园林应用： 紫菀适用于草坪边缘作地被植物，可作夏秋花园中的点缀，也可切下花枝作瓶插配花用。

常见宿根花卉识别及应用

高山紫菀（*Aster alpinus*）

别名： 高岭紫菀
科属： 菊科紫菀属

识别要点： 根状茎粗壮，茎直立，不分枝。舌状花的舌片紫色、蓝色或浅红色；管状花花冠黄色，冠毛白色。花期6~8月；果熟期7~9月。

生态习性： 广泛分布于欧洲、亚洲西部、中部、北部、东北部及北美洲。多生于固定沙地、山脚、高山石缝、高山、山坡草甸、丘陵、山顶林中、山坡及亚高山草甸。

园林应用： 高山紫菀可作地被植物。

景天类（*Sedum* spp.）

别名： 景天草
科属： 景天科景天属

识别要点： 叶对生、轮生或互生，有时呈覆瓦状排列；顶生的聚伞花序，常偏生于分枝的一侧。

生态习性： 以北温带为分布中心，因而多数种类具有一定耐寒性。喜光照，部分种类耐阴，对土质要求不严。

园林应用： 景天类花卉可布置花境、花坛，用于岩石园或作镶边植物及地被植物。盆栽可供室内观赏，矮小种类供盆景中点缀。

常见同属栽培种：

（1）八宝景天（*S. spectabile*）　多年生肉质草本，全株略被

八宝景天

常见宿根花卉识别及应用

八宝景天

白粉,呈灰绿色。地上茎簇生,粗壮而直立。叶轮生或对生,倒卵形,肉质,具波状齿。伞房花序密集如平头状,花淡粉红色,常见栽培的有白色、紫红色、玫瑰红色品种,几乎是景天中花色最为艳丽的种类。花期7~10月。

(2)佛甲草(*S. lineare*) 别名万年草、火烧草、佛指甲。多年生肉质草本。茎初生时直立,后下垂,有分枝。3叶轮生,无柄,线状至披针形。聚伞花序顶生,着花约15朵,中心有一个具短柄的花,花黄色。花期5~6月。

(3)费菜(*S. kamtschaticum*) 多年生肉质草本。根状茎粗而木质,茎斜伸,地上部分于冬季枯萎。叶互生,倒披针形至狭匙形,无柄,叶色绿、黄绿至深绿,常有红晕。聚伞花序顶生,着花5~100个;花瓣5,橙黄色。花期6月。

(4)垂盆草(*S. sarmentosum*) 别名石指甲、养鸡草、狗牙齿、瓜子草。多年生肉质草本。不育枝匍匐生根,结实枝直立。叶3片轮生,倒披针形至长圆形,顶端尖,基部渐狭,全缘。聚伞花序疏松,常3~5分枝;花淡黄色。花期5~6月。

佛甲草　佛甲草
费菜　费菜
垂盆草　垂盆草

常见宿根花卉识别及应用

宿根福禄考（*Phlox paniculata*）

别名：天蓝绣球、锥花福禄考
科属：花荵科花荵属

识别要点：株高15～20cm，被短柔毛。茎多分枝。叶互生，长椭圆形，上部叶抱茎。聚伞花序顶生，花色有白、黄、粉、红紫、斑纹及复色，常见粉色及粉红色。花期6～9月。

生态习性：原产于北美洲南部，现世界各地广为栽培。喜排水良好的沙质壤土和湿润环境。耐寒，忌酷日，忌水涝和盐碱。

园林应用：宿根福禄考可用作花坛、花丛及庭院栽培，也可盆栽作摆花。花期正值其他花卉开花较少的夏季，是优良的庭园宿根花卉。

丛生福禄考（*Phlox subulata*）

别名： 针叶天蓝绣球
科属： 花荵科天蓝绣球属

识别要点： 常绿宿根花卉。老茎半木质化，枝叶密集，匍地生长。叶针状，簇生，革质，春季叶色鲜绿，夏秋暗绿色，冬季经霜后变成灰绿色，叶与花同时开放。花呈高脚杯形，芳香，花有紫红色、白色、粉红色等。花期5～12月，第一次盛花期4～5月，第二次盛花期8～9月。

生态习性： 原产于北美洲，现各国均有栽培。极耐寒，耐旱，耐贫瘠，耐高温。在-8℃时，叶片仍呈绿色，-32℃仍可越冬。

园林应用： 丛生福禄考是良好的地被植物。最适合庭院配植花坛或在岩石园中栽植，群体观赏效果极佳，可作地被装饰材料点缀草坪或吊盆栽植，用于花坛、花境。

常见宿根花卉识别及应用

鸢尾类（*Iris* spp.）

科属：鸢尾科鸢尾属

识别要点：具块状或葡萄状根茎，或具鳞茎。叶多基生，剑形至线形，嵌叠着生。花单生，蝎尾状聚伞花序或呈圆锥状聚伞花序；花从2个苞片组成的佛焰苞内抽出；花被片基部呈短管状或爪状，外轮3片大而外弯或下垂，称为重瓣；内轮片较小，多直立或呈拱形，称为旗瓣；花柱分枝扁平，花瓣状，外展覆盖雄蕊。

生态习性：分布于北温带，中国约有40种，广布于全国。耐寒性较强，一些种类在有积雪层覆盖条件下，-40℃仍能露地越冬。喜排水良好、适度湿润的壤土，要求阳光充足，也耐半阴。

园林应用：鸢尾种类多，叶丛美丽，花大艳丽或轻巧淡雅，观赏价值高。可设置鸢尾专类园。水生鸢尾又是水边绿化的优良材料。此外，在花坛、花境、地被等栽植中也常有应用。

常见同属栽培种：

（1）鸢尾（*I. tectorum*）　别名紫蝴蝶、蓝蝴蝶、乌鸢、扁竹花。多年生宿根性直立草本。根状茎葡匐多节，粗而节间短，浅黄色。叶为渐尖状剑形，质薄，淡绿色，呈二纵列交互排列。总状花序1～2枝，每枝有花2～3朵；花蝶形，花冠蓝紫色或紫白色；外列花被有深紫斑点，中央面有一行鸡冠状白色带紫纹突起。花期4～6月。

（2）德国鸢尾（*I. germanica*）　多年生宿根草本。根状茎肥厚，略成扁圆形。基生叶剑形，淡绿色或灰绿色，常具白粉。花下具3枚苞片，革质，边缘膜质，卵圆形或宽卵形，有1～2朵花，花

园林花卉识别彩色图册

鸢尾　德国鸢尾　蝴蝶花　黄菖蒲

大,鲜艳,淡紫色、蓝紫色、深紫色或白色,有香味,花被管呈喇叭形。花期5~6月。

(3)蝴蝶花(*I. japonica*)　多年生草本。根茎匍匐状,有长分枝。叶多自根生,二列,剑形,扁平。春季叶腋抽花茎;花多数,淡蓝紫色,排列成稀疏的总状花序。

(4)黄菖蒲(*I. pseudacorus*)　别名黄花鸢尾、水生鸢尾。多年生湿生或挺水宿根草本植物,植株高大,根茎短粗。叶片茂密,基生,绿色,长剑形。花茎稍高出于叶,垂瓣上部长椭圆形,基部近等宽,具褐色斑纹或无,旗瓣淡黄色。花期5~6月。

(5)花菖蒲(*I. kaempferi*)　别名玉蝉花。宿根草本。根茎粗壮。叶长,中肋显著。花茎稍高出叶片,着花2朵;花色丰富,重瓣性强,花径可达9~15cm。花期6月。

(6)马蔺(*I. lactea*) 别名马莲、马兰、马兰花、旱蒲。多年生密丛草本。根状茎粗壮。叶基生,坚韧,灰绿色,条形或狭剑形。花茎光滑,草质,绿色,着生2~4朵花;花蓝色。花期5~6月。

花菖蒲

花菖蒲

马蔺

马蔺

园林花卉识别彩色图册

萱草类（*Hemerocallis* spp.）

科属： 百合科萱草属

识别要点： 根常肉质。花葶高于叶，上部分枝，因此花序有时呈圆锥花序。叶基生，狭长。花被漏斗状或钟状，花黄色或橙红色。

生态习性： 分布于中欧至东亚，各地均产之。性强健而耐寒，适应性强，又耐半阴，可露地越冬。对土壤选择性不强，以富含腐殖质、排水良好的湿润土壤为佳。

园林应用： 萱草类多丛植或于花境、路旁栽植，也可作疏林地被应用。

常见同属栽培种：

（1）萱草（*H. fulva*） 别名金针菜。具短根状茎和粗壮的纺锤形肉质根。叶基生，宽线形，对排成两列。花葶细长坚挺，小花6～10朵，呈顶生聚伞花序；颜色以橘黄色为主，有时可见紫红

萱草

萱草

常见宿根花卉识别及应用

大花萱草　大花萱草　黄花菜　黄花菜

色,花大,漏斗形,内部颜色较深。花期6~7月。

(2)大花萱草(*H.×hybrida*)　　别名金娃娃。肉质根茎较短。叶基生,二列状,叶片线形。花茎高出叶片,上方有分枝;小花2~4朵,芳香,花大,花冠漏斗状至钟状,花黄色。花期7~8月。

(3)黄花菜(*H.citrina*)　　别名忘忧草、健脑菜、安神菜。根簇生,肉质,根端膨大呈纺锤形。叶基生,狭长带状。花茎自叶腋抽出,茎顶分枝开花,有花数朵,花大,橙黄色,漏斗形。花期夏季。

园林花卉识别彩色图册

玉簪（*Hosta plantaginea*）

别名： 玉春棒、白鹤花、玉泡花、白玉簪
科属： 百合科玉簪属

识别要点： 株丛低矮，圆浑。叶基生成丛，卵形至心状卵形，基部心形，叶脉呈弧状。总状花序顶生，高于叶丛，花为白色，管状漏斗形，浓香。花期6～8月。同属还有开淡紫、堇紫色花的紫萼、狭叶玉簪、波叶玉簪等。

生态习性： 原产于中国及日本。性强健，耐寒冷，性喜阴湿环境，不耐强烈日光照射，要求土层深厚、排水良好且肥沃的沙质壤土。

园林应用： 玉簪花或洁白如玉或淡紫温良，晶莹素雅。园林中可用于树下作地被植物，或植于岩石园或建筑物北侧，也可盆栽观赏或作切花用。

紫萼　　玉簪

常见宿根花卉识别及应用

大花金鸡菊（*Coreopsis grandifora*）

别名： 剑叶波斯菊、狭叶金鸡菊
科属： 菊科金鸡菊属

识别要点： 茎直立，全株疏生白色柔毛。叶多簇生基部，匙形或披针形，全缘或3深裂。头状花序，舌状花黄色，花分单、重瓣。花期7~10月。

生态习性： 原产于美国，今广泛栽培。对土壤要求不严，喜肥沃、湿润、排水良好的沙质壤土，耐旱，耐寒，也耐热。

园林应用： 大花金鸡菊花色亮黄，鲜艳，花叶疏散，轻盈雅致，可用于布置花境，也可作切花，还可用作地被。

宿根石竹类（*Dianthus* spp.）

香石竹

香石竹

科属： 石竹科石竹属

识别要点： 一年生或多年生草本。叶狭，禾草状。花美丽，单生或排成聚伞花序。

生态习性： 分布于欧洲、亚洲和非洲，中国有16种，南北均产之。喜凉爽及稍湿润的环境，土壤以沙质土为好。

园林应用： 宿根石竹类色若彩霞，带有清雅的微香，是传统的园林花卉。可用于花坛、花境、花台或盆栽，也可用于岩石园和草坪边缘点缀。切花观赏亦佳。

常见同属栽培种：

（1）**香石竹**（*D. caryophyllus*） 别名康乃馨、麝香石竹。花色丰富，花瓣具晕斑及镶边，有香郁气味，花大，单生，2～3朵簇生或成聚伞花序。

常见宿根花卉识别及应用

（2）常夏石竹（*D. plumarius*）　别名羽裂石竹、地被石竹。花顶生2～3朵，芳香。

（3）瞿麦（*D. superbus*）　花顶生呈疏圆锥花序，淡粉色，芳香。

天竺葵（*Pelargonium hortorum*）

别名： 洋绣球、入腊红、日烂红、洋葵、驱蚊草、洋蝴蝶
科属： 牻牛儿苗科天竺葵属

识别要点： 叶对生，掌状，有长柄，叶缘多锯齿，叶面有较深的环状斑纹。花冠通常5瓣，花序伞状，长在挺直的花梗顶端。花色红、白、粉、紫，变化很多。花期5~6月，除盛夏休眠，如环境适宜可不断开花。由于群花密集如球，故又有洋绣球之称。

生态习性： 原产于非洲南部。喜温暖、湿润和阳光充足环境。耐寒性差，怕水湿和高温。宜肥沃、疏松和排水良好的沙质壤土。喜冬暖夏凉。

园林应用： 天竺葵盆栽宜作室内外装饰，也可作春季花坛用花。

常见宿根花卉识别及应用

宿根天人菊（*Gaillardia aristata*）

别名：车轮菊
科属：菊科天人菊属

识别要点：株高60~100cm，全株被粗节毛。茎不分枝或稍有分枝。基生叶和下部茎叶长椭圆形或匙形，叶有长叶柄。舌状花黄色；管状花外面有腺点。花期7~8月。

生态习性：原产于北美西部，世界各地庭园常见栽培。性强健，耐热、耐旱，喜阳光充足、通风良好的环境和排水良好的土壤，不耐水湿。

园林应用：宿根天人菊花色艳丽，花朵较大，可用于花坛或花境，或可成丛、成片地植于林缘和草地中，也可作切花。

园林花卉识别彩色图册

金光菊类（*Rudbeckia* spp.）

科属： 菊科金鸡菊属

识别要点： 茎直立。叶互生，单叶或复叶。头状花序具异性花，生于枝顶；舌状花黄色，中性；盘花两性，淡绿色或淡黄色至紫黑色。

生态习性： 原产于北美，现世界各地庭园均有栽培。性喜通风良好、阳光充足的环境。对阳光的敏感性也不强。适应性强，耐寒又耐旱。对土壤要求不严，但忌水湿。

园林应用： 金光菊类风格粗放、耐炎热，花期长，是夏秋园林常用花卉。适合公园、机关、学校、庭院等场所布置，亦可作花坛，花境材料，也是切花、瓶插之精品，此外也可布置草坪边缘成自然式栽植。

常见同属栽培种：

（1）黑心菊（*R. hirta*） 别名黑心金光菊、毛叶金光菊。多年生草本，全株被粗糙刚毛。在近基部分枝。叶互生，全缘，无柄，阔披针形。头状花序单生，径4～5cm；舌状花黄色。

黑心菊

黑心菊

常见宿根花卉识别及应用

黑心菊

金光菊

（2）金光菊（*R. laciniata*） 别名黑眼菊、黄菊、黄菊花、假向日葵。茎上部有分枝，无毛或稍有短糙毛。叶互生。头状花序单生于枝端，具长花序梗。管状花黄色或黄绿色。花期7～10月。

薰衣草（*Lavandula pedunculata*）

别名： 灵香草、香草、蓝香花、黄香草
科属： 唇形科薰衣草属

识别要点： 丛生，多分枝。叶互生，椭圆形针形，叶面较大者针形，叶缘反卷。穗状花序顶生，有蓝、深紫、粉红、白等色，常见的为紫蓝色。花、叶和茎上的绒毛均藏有油腺，轻轻碰触油腺即破裂而释出香味。花期6~8月。

生态习性： 原产于地中海沿岸、欧洲各地及大洋洲。冬季喜温暖湿润，夏季宜凉爽干燥，喜阳光，要求高燥地势，肥沃、疏松及排水良好的沙质壤土，不耐高温高湿和水涝，抗寒能力较弱。

园林应用： 适合作花境或道路两旁成行、成片种植，亦可作切花。

常见宿根花卉识别及应用

石碱花（*Saponaria officinalis*）

别名：肥皂花
科属：石竹科肥皂草属

识别要点：株高30～90cm。叶椭圆状披针形，对生。顶生聚伞花序，花瓣有单瓣及重瓣，花淡红或白色，花期6～8月。

生态习性：原产于欧洲、西亚、中亚及日本。现全国各地均有栽培。喜光，性强健，不择干湿，地下茎发达，有自播习性。

园林应用：石碱花适宜作花境的背景，或布置野生花卉园，在林缘、篱旁丛植，亦可作地被材料。

飞燕草（*Consolida ajacis*）

别名： 鸽子花、百部草、萝小花、千鸟花
科属： 毛茛科翠雀属

识别要点： 高35～65cm，全株被柔毛。茎具疏分枝。叶互生，掌状深裂，总状花序具3～15花，轴和花梗具反曲的微柔毛；花左右对称；萼片5，花瓣状，蓝色或紫蓝色。花期8～9月。

生态习性： 原产于欧洲南部，现各地均有栽培。生于山坡、草地、固定沙丘。较耐寒、喜光、怕暑热、忌积涝，宜在深厚肥沃的沙质土壤上生长。

园林应用： 飞燕草可用于花坛或花境，也可成丛、成片地植于林缘和草地中。

常见宿根花卉识别及应用

风铃草（*Campanula medium*）

别名： 钟花、瓦筒花
科属： 桔梗科风铃草属

识别要点： 株高约1m，多毛。莲座叶卵形至倒卵形，叶缘圆齿状波形，粗糙；叶柄具翅，茎生叶小而无柄。总状花序，小花1朵或2朵茎生；花冠钟状，有5浅裂，基部略膨大，花色有白、蓝、紫及淡桃红等。花期4~6月。

生态习性： 原产于南欧，生于山坡、草地、固定沙丘。喜夏季凉爽、冬季温和的气候。喜轻松、肥沃而排水良好的壤土。

园林应用： 风铃草适于配置小庭园作花坛、花境材料，也可用作盆花。

园林花卉识别彩色图册

耧斗菜类（*Aquilegia* spp.）

科属： 毛茛科耧斗菜属

识别要点： 株高50～120cm，株形松散直立叶丛生。2～3回三出复叶。萼片5，辐射对称，与花瓣同色；花瓣5，长距自萼间伸向后方。

生态习性： 分布于北温带。性强健而耐寒，华北及华东地区均可露地越冬。喜富含腐殖质、湿润而排水良好的沙质壤土，半阴处生长及开花更好。

园林应用： 耧斗菜类植株高矮适中，叶形优美，花形奇特，宜成片植于草坪上、疏林下，适于布置花坛、花境等，也宜洼地、溪边等潮湿处作地被覆盖。花枝可作切花。

常见同属栽培种：

（1）耧斗菜（*A. vulgaris*）　别名血见愁、猫爪花、白果兰。株高50～70cm。茎直立。2回三出复叶，蓝绿色。花冠漏斗状、下垂，花瓣5枚，通常深蓝紫色或白色，栽培品种有粉红、黄等色；萼片5，与花瓣同色。花期4～6月。

（2）杂种耧斗菜（*A. glandulosa*）　别名大花耧斗菜。由蓝耧斗菜与黄花耧斗菜杂交而成。株高90cm，多分枝。2～3回三出复叶。花朵俯向，萼片及距较长，花瓣先端圆唇状，花色丰富，有紫红、深红、黄等深浅不一的色彩，并有重瓣和双色品种，观赏价值高。花期5～8月。

（3）华北耧斗菜（*A. yabeana*）　别名五铃花、紫霞耧斗菜。多年生草本，株高40～60cm，疏被短柔毛和少数腺毛。茎直立，

常见宿根花卉识别及应用

多分枝。基生叶具长柄,1～2回三出复叶,茎生叶较小。总状花序顶生,花朵下倾;萼片花瓣状,花瓣、萼片同为紫色。花期5～6月。

楼斗菜

杂种楼斗菜

华北楼斗菜

桔梗（*Platycodon grandiflorus*）

别名： 包袱花、铃铛花、僧帽花
科属： 桔梗科桔梗属

识别要点： 株高40～90cm，植物体内有乳汁，全株光滑无毛。叶多为互生，少数对生，近无柄，叶片长卵形，边缘有锯齿。花大，单生于茎顶或数朵成疏生的总状花序；花冠钟形，蓝紫色或蓝白色。花期6～8月。

生态习性： 原产于中国、朝鲜半岛、日本和西伯利亚东部。喜夏季凉爽、冬季温和的气候。喜光、喜温和湿润凉爽气候。

园林应用： 桔梗花大、花期长，有很强的田园气息。高型品种可栽植于花境；中矮型品种可点缀岩石园；矮型品种多作切花用。

常见宿根花卉识别及应用

千叶蓍（*Achillea milleflium*）

科属：菊科蓍草属

识别要点：高可达50～80cm。茎基部丛生、直立，中上部有分枝，密生白色长柔毛。叶矩圆状呈披针形，2～3回羽状深裂至全裂，似许多细小叶片，故有"千叶"之说。头状花序。花期5～10月。

生态习性：性强健而耐寒，对环境要求不严格，日照充足和半阴地都能生长。以排水好、富含有机质及石灰质的沙壤土最好。

园林应用：千叶蓍花序大，开花时能覆盖全株，是花境中很理想的水平线条的表现材料。片植能表现出美丽的田园风光。也可以作切花。

红花酢浆草（*Oxalis rubra*）

别名： 花花草、夜合梅、大叶酢浆草
科属： 酢浆草科酢浆草属

识别要点： 株高10～20cm。地下具球形根状茎，白色透明。基生叶，叶柄较长，复叶，3小叶，小叶倒心形，三角状排列。花从叶丛中抽生，伞形花序顶生，总花梗稍高出叶丛。花期4～10月。花与叶均对阳光敏感，白天、晴天开放，夜间及阴雨天闭合。叶、叶柄及花梗口尝有明显酸味。
生态习性： 原产于巴西及南非好望角。喜向阳、温暖、湿润的环境，夏季炎热地区宜遮半阴，抗旱能力较强。
园林应用： 红花酢浆草适合在花坛、花境、疏林地及林缘大片种植，用其组字或组成模纹图案效果很好。也可盆栽用来布置广场、室内阳台，同时也是庭院绿化镶边的好材料。

常见宿根花卉识别及应用

随意草（*Physostegia virginiana*）

别名：芝麻花、囊萼花、棉铃花、一品香
科属：唇形科随意草属

识别要点：株高40～80cm。具匍匐茎。穗状花序聚成圆锥花序状；小花密集，玫瑰紫色如将小花推向一边，不会复位，因而得名。花期夏季。有白、深桃红、玫瑰红、雪青等色变种。

生态习性：原产于北美洲。性喜温暖、阳光，喜疏松、肥沃、排水良好的沙质壤土，耐寒、耐热、耐半阴、耐肥，适应能力强。栽培容易，干旱时须给水。

园林应用：随意草株形整齐，自然、秀丽、花期集中，宜群体观赏。园林绿地中广泛应用，可用于花坛、花境、草地成片种植；也可盆栽或作切花。

射干（*Belamcanda chinensis*）

别名： 乌扇、乌蒲、黄远、草姜
科属： 鸢尾科射干属

识别要点： 株高50～100cm。根状茎为不规则的块状；茎直立，实心。叶剑形，扁平，互生，嵌迭状二列。花柱圆柱形，柱头3浅裂。花期7～9月。

生态习性： 分布于亚洲东部。喜温暖和阳光，耐干旱和寒冷，对土壤要求不严，山坡旱地均能栽培，以肥沃、疏松、地势较高、排水良好的沙质壤土为好。

园林应用： 射干生长健壮，花姿轻盈，叶形优美，可作园林花境、花径栽培，或林缘、草地栽植，或丛植于庭园边角隙地、道路一侧；也可作切花。

常见宿根花卉识别及应用

矢车菊类(*Centaurea* spp.)

科属: 菊科矢车菊属

识别要点: 株高30~70cm,直立。自中部分枝,极少不分枝。全部茎枝灰白色,被薄蛛丝状卷毛。全部茎叶两面异色或近异色,上面绿色或灰绿色,被稀疏蛛丝毛或脱毛,下面灰白色,被薄绒毛。头状花序多数或少数在茎枝顶端排成伞房花序或圆锥花序;全部苞片顶端有浅褐色或白色的附属物;边花增大,长于中央盘花,蓝色、白色、红色或紫色,盘花浅蓝色或红色。花期2~8月。

生态习性: 集中分布于地中海地区。适应性较强,喜阳光充足,不耐阴湿,须栽在阳光充足、排水良好的地方,否则常因阴湿而死亡。

园林应用: 矢车菊类高型株挺拔,花梗长,适于作切花,也可作花坛、花境材料。矮型株仅高20cm,可用于花坛、草地镶边或盆花观赏。

园林花卉识别彩色图册

剪秋罗类（*Lychnis* spp.）

剪秋萝

皱叶剪秋罗

科属： 石竹科剪秋罗属

识别要点： 花基部无苞片，先端5齿裂；花瓣5；常有副花冠。
生态习性： 分布于北温带和北极。喜光，耐阴，耐寒，喜凉爽湿润。
园林应用： 剪秋罗类植株葱茏明洁，花色鲜艳醒目，花期恰逢春夏之交，可配置花坛、花境，点缀岩石园。也可用作切花、盆栽。

常见栽培种

（1）**剪秋萝**（*L. fulgens*） 别名大花剪秋罗。株高25～85cm。根呈肥厚的纺锤形。茎直立，上部疏生长柔毛。单叶对生。聚伞花序，有2～3朵花，叶腋短枝端常有单花；深红色，基部有爪。花期6～8月。

（2）**皱叶剪秋罗**（*L. chalcedonica*） 单叶对生，全缘，无柄，卵形至披针形，平行脉。小花10～50朵密生于茎顶形成聚伞花序，鲜红色或砖红色。花期5～6月。

常见宿根花卉识别及应用

银叶菊（*Senecio cineraria*）

别名：雪叶菊
科属：菊科千里光属

识别要点：株高15~40cm。全株具白色绒毛。叶匙形或羽状裂叶，正反面均被银白色柔毛，叶片较薄，叶片缺裂，如雪花图案。头状花序单生枝顶，花小、黄色。花期6~9月。

生态习性：原产于南欧。较耐寒，在长江流域能露地越冬，不耐酷暑，高温高湿时易死亡。喜凉爽、湿润、阳光充足的气候和疏松、肥沃的沙质土壤或富含有机质的黏质土壤。

园林应用：银叶菊全株覆盖白毛，犹如披被白雪，与其他色彩的纯色花卉配置栽植，效果极佳，是重要的花坛观叶植物。

一枝黄花（*Solidago virgaurea*）

别名： 野黄菊、山边半枝香、酒金花、满山黄、百根草、百条根
科属： 菊科一枝黄花属

识别要点： 多型性的种，叶形与花序式有极大变化。株高30～90cm。茎直立，通常细弱，单生或少数簇生，不分枝或中部以上有分枝。全部叶质地较厚，叶两面、沿脉及叶缘有短柔毛或下面无毛。头状花序较小，花黄色。花期8～10月。

生态习性： 原产于中国华东、中南及西南等地。喜生长于凉爽、湿润的气候，耐寒，宜栽种于肥沃、疏松、富含腐殖质、排水良好的沙质土壤中。

园林应用： 一枝黄花可作花境、花丛、切花。

常见宿根花卉识别及应用

一叶兰（*Aspidistra elatior*）

别名： 蜘蛛抱蛋
科属： 百合科蜘蛛抱蛋属

识别要点： 株高40～60cm。地下根茎匍匐蔓延。叶自根部抽出，直立向上生长，并具长叶柄，叶深绿色，长椭圆形，叶缘波状。花单生短花茎上，紫褐色，外面有深色的斑点。花期4～5月。

生态习性： 原产于中国南方，现各地均有栽培。性喜温暖、湿润、半阴环境，较耐寒，极耐阴。

园林应用： 一叶兰叶片浓绿光亮，质硬挺直，植株生长丰满，气氛宁静，整体观赏效果好。可用于室内绿化装饰，适于布置家庭及办公室。叶为现代插花配材。

百合类（*Lilium* spp.）

别名： 百合花
科属： 百合科百合属

识别要点： 株高50～150cm。地下为鳞茎。叶线形、披针形、卵形、倒长卵形、心形或椭圆状披针形，在茎上轮生或螺旋状着生。花生于茎顶，单生、簇生或成总状花序；花大型，漏斗状、喇叭状或杯状；花色有白、粉、淡绿、橙、洋红、紫色等。花期初夏至早秋。

生态习性： 原产于北半球温带地区，中国是百合的分布中心，全国各地广为栽培。喜光、冷凉、湿润气候，要求肥沃、富含腐殖质、土层深厚和排水良好的微酸性土壤。

园林应用： 百合花姿雅致，叶子青翠娟秀，茎干亭亭玉立，花色鲜艳，既可盆栽，又可地栽或作切花，还宜大片纯植或丛植于疏林下、草坪边、亭台畔和作建筑基础栽植，以及布置花坛、花境和岩石园。

常见同属栽培种：

（1）麝香百合（*L. longiflorum*） 别名铁炮百合。原产于中国台湾及日本九州南部诸岛海边岩上。鳞茎近球形至卵形；茎直立。

麝香百合

鳞茎百合

常见球根花卉识别及应用

山丹

卷丹百合

药百合

百合鳞茎

叶披针形。花白色，内侧深处有绿晕；花单生或2～4朵生于短花梗上，长筒状喇叭形，有浓香。花期6～8月。

（2）**鳞茎百合**（*L. bulbiferum*） 原产于欧洲。花形杯状，植株高大。多花性，花色多种。花期早，6～7月开花。

（3）**山丹**（*L. concolor*） 别名渥丹。原产于中国北部、朝鲜和日本。鳞茎小，味苦。花小，深红色，有光泽，无异色斑点。

（4）**卷丹百合**（*L. lancifolium*） 别名南京百合、虎皮百合。原产于中国各地，浙江、江苏一带大面积栽培作食用。鳞茎卵圆形至扁球形，黄白色；地下茎易生小鳞茎，地上茎多生珠芽。圆锥状总状花序；花瓣朱红色，有暗紫大斑点。花期7～8月。

（5）**药百合**（*L. speciosum*） 别名鹿子百合。原产于中国浙江、江西、安徽、台湾及日本。株高50～150cm。鳞茎球形至扁球形。花红色者茎浓绿色。有花10～12朵，芳香。花期8～9月。

园林花卉识别彩色图册

大丽花（*Dahlia pinnata*）

别名： 大理花、大丽菊、西番莲、天竺牡丹、山芋花、地瓜花
科属： 菊科大丽花属

识别要点： 株高15～150cm，株高因品种而异，有高、中、矮型品种。具粗大纺锤状肉质块根，形似地瓜。茎直立或横卧，绿色或紫褐色，光滑粗壮，节间中空。叶对生，大形，1～3回羽状分裂。头状花序具总长梗，顶生，其大小、色泽和形状因品种不同而富有变

常见球根花卉识别及应用

单瓣型　圆球型　牡丹型　装饰型

化,花有白、黄、橙、红、粉红、紫色及复色等,花型有大、中、小之分,有单瓣或重瓣。花期6~10月。

生态习性: 原产于墨西哥、危地马拉、哥伦比亚等国热带高原地带。现全国各地广泛栽培。喜阳光充足、高燥凉爽、通风良好的环境。不耐寒,畏酷暑。不耐旱,忌水湿。

园林应用: 大丽花花型多变,色彩丰富,应用范围广泛。高型品种宜作切花,为制作花篮、花圈和花束的理想花材;中型品种多用于院内庭前丛植,矮型品种宜作花坛、花境;极矮型品种最宜盆栽观赏。

美人蕉类（*Canna* spp.）

美人蕉

别名：小芭蕉

科属：美人蕉科美人蕉属

识别要点：株高70～300cm。地下肉质根状茎粗大，横卧而生，节上生有不定根和地上茎。地上茎直立肉质，不分枝。叶片宽大，互生，长椭圆状披针形。总状花序生于枝顶，花大形，有萼片3枚，花瓣3枚呈萼片状，基部合生；雄蕊5枚，其中2～3枚瓣化直立不反卷，似美丽的花瓣，1枚反卷似唇瓣。花期7～10月。

生态习性：原产于美洲热带、亚洲热带和非洲。中国引种，现全国各地广泛栽培。喜充足的阳光和温暖、炎热气候，不耐霜冻。喜湿润、肥沃深厚的沙壤土，可抗短期水涝。

常见栽培种：大花美人蕉（*C. generalis*），由美人蕉与多个种杂

常见球根花卉识别及应用

交培育而成,目前是园艺上栽培最普遍的一种。全株被白粉。茎绿色或紫铜色。花大,瓣化的雄蕊直立不反卷;花色多种,有白、淡黄、橙黄、橙红、深红、紫红等色。

园林应用:茎叶茂盛,花大色艳,花期长,适合大片地自然栽植,或应用于花坛、花境及建筑物基础栽培。一些低矮的品种可盆栽观赏。

大花美人蕉

唐菖蒲（*Gladiolua hybridus*）

别名： 菖兰、剑兰、扁竹莲、十样锦、十三太保
科属： 鸢尾科唐菖蒲属

识别要点： 株高40~60cm。茎粗壮直立，扁球形，浅黄、浅红、黄或紫红色。叶剑形，质硬，抱茎，互生，灰绿色。蝎尾状聚伞花序顶生，着花8~24朵，排成二列；花色有白、黄、橙、橙红、粉红、红、玫瑰红、淡紫、蓝、紫、烟色、黄褐12色系。花期6~10月。

生态习性： 原产于非洲南部及地中海沿岸，以南非好望角分布最多。现全国各地广泛栽培。喜阳光，怕寒冷，不耐过度炎热，以冬季温暖、夏季凉爽的气候最为适宜，对土壤要求不严。

园林应用： 唐菖蒲花茎挺拔修长，着花多，花期长，花型变化多，花色艳丽多彩，适合布置花坛、花境等，矮生品种也可盆栽。直插、斜插、长插、短插都表现不凡，故被称为插花领域的"万能泰斗"。

郁金香（*Tulipa gesneriana*）

别名： 洋荷花、旱荷花、草麝香

科属： 百合科，郁金香属

识别要点： 株高20～90cm。鳞茎卵球形，外被淡黄或棕褐色皮膜。叶长椭圆状披针形或卵状披针形，着生在茎的中下部。花单生在枝顶，花大，花形多样，有杯状、碗状、钟状、盘状等；花色多种，有洋红、白、粉、紫红、黄、橙、棕色等。花期3～5月。

生态习性： 原产于地中海沿岸和中国新疆至中亚、西亚、土耳其等地。中国引种，现全国各地广泛栽培。喜冬季温暖湿润、夏季凉爽稍干燥的气候，向阳或半阴的环境，喜富有腐殖质、肥沃而排水良好的沙质壤土。

园林应用： 郁金香花形端庄，花色艳丽，花期早，是重要春季球根花卉，宜作切花、花境、花坛或草坪边缘自然丛植等用。中矮型品种可盆栽观赏。

风信子（*Hyacinthus orientalis*）

别名： 洋水仙、五色水仙
科属： 百合科风信子属

识别要点： 株高20～30cm。鳞茎球形或卵形。叶基生，4～8片，宽线形或线状披针形，先端圆钝，质地肥厚。顶生总状花序，小花钟状，有白、粉、黄、红、蓝及淡紫等色，单瓣或重瓣。花期3～5月。

生态习性： 原产于南欧、地中海东部沿岸及小亚细亚一带。中国引种，现全国各地广泛栽培。喜阳光充足的环境，夏季喜凉爽，冬季喜温暖、湿润，较耐寒，在富含腐殖质、排水良好的弱酸性沙质壤土上生长良好。

园林应用： 风信子植株低矮整齐，花色艳丽，适宜在草坪、林缘自然丛植，或布置花坛、花境和花槽，也可作切花、盆栽或水养观赏。

葡萄风信子（*Muscari botryoides*）

别名： 葡萄百合、蓝壶花、串铃花、蓝瓶花、葡萄水仙
科属： 百合科蓝壶花属

识别要点： 株高20～80cm。鳞茎近似球形。叶基生，线形，稍肉质，暗绿色。花茎自叶丛中抽出，直立，筒状；总状花序顶生，密生而下垂，整个花序则犹如一串葡萄，花色有白色、肉色、蓝紫、浅蓝等色，并有重瓣品种。花期3～5月。

生态习性： 原产于欧洲中南部，现中国各地广泛栽培。喜光亦耐阴，喜温暖、凉爽气候，耐寒。华东及华北地区均可露地越冬。

园林应用： 葡萄风信子植株矮小，花色明丽，花期早而长，是优良的地被植物。宜作林下地被或作花境，或点缀于山石旁，可用于草坪的成片、成带与镶边种植，也可盆栽观赏或用作切花。

朱顶红（*Hippeastrum vittatum*）

别名： 孤挺花、对兰、对红
科属： 石蒜科朱顶红属

识别要点： 鳞茎肥大，卵状球形。叶两侧对生，扁平带形或条形，略肉质。花葶自鳞茎顶端抽出，粗壮直立而中空，扁圆柱形；伞形花序，顶端着花2～4朵，花大形，喇叭状，花冠筒短，花色艳丽，有大红、玫瑰红、橙红、淡红、白等色；花径大者可达20cm以上。花期由冬至春，露地栽培多在4～6月开花。

生态习性： 原产于南美秘鲁，现中国各地广泛栽培。喜温暖、湿润和阳光充足环境。要求夏季凉爽、冬季温暖，土壤要求疏松、肥沃的微酸性沙质壤土，怕水涝。

园林应用： 朱顶红可用于花坛、花境，也可配置于草坪边、庭院中。许多品种适宜盆栽观赏，陈设于客厅、书房和窗台，还可以像水仙一样水养观赏。大量品种都可作切花材料。

常见球根花卉识别及应用

花毛茛（*Ranunculus anunculus*）

别名： 芹菜花、波斯毛茛、陆莲花、洋牡丹
科属： 毛茛科毛茛属

识别要点： 株高20～45cm。块根纺锤形。茎单生，具毛。基生叶阔卵形或椭圆形，或为三出复叶；茎生叶无柄，为2回三出羽状复叶。花单生枝顶或自叶腋间抽出花梗，一至数朵生于长梗上，有重瓣、半重瓣，花色丰富，有白、黄、红、水红、大红、橙、紫和褐色等多种颜色。花期4～5月。

生态习性： 原产于欧洲东南部及亚洲西南部，现世界各国均有栽培。喜凉爽及半阴环境，畏炎热，具有一定的耐寒能力，要求富含腐殖质、肥沃而排水良好的沙质或略黏质土壤。

园林应用： 花毛茛花密集，花大而美丽，色彩鲜艳夺目，常种植于树坛、花坛、草坪边缘及建筑物的阴面。矮生或中等高度的品种多用于花坛、花带和家庭盆栽。切花可作室内瓶插等。

白头翁（*Pulsatilla chinensis*）

别名：白头草、老姑草、老翁花、老冠花、毛姑朵花
科属：毛茛科白头翁属

识别要点：株高20~40cm，全株密被白色长柔毛。根状茎粗而长。基生叶三全裂，顶生小叶具柄，倒卵状，叶背面被长柔毛。花单朵顶生，钟形，向上开，蓝紫色，外被白色柔毛。花期4~5月。果熟期羽毛状花柱宿存，形如白发老人头状，极为别致。

生态习性：分布于中国东北、华北、西北、华中、华东、西南地区。喜光，喜凉爽气候，耐寒，耐干旱瘠薄，不耐涝，喜排水良好的沙质壤土。

园林应用：白头翁全株被毛，植株矮小，花期早，在园林中可用于布置花坛，作道路两旁花境，或点缀于林间空地作自然栽植。是理想的地被植物。也可盆栽观赏。

常见球根花卉识别及应用

铃兰（*Convallaria majalis*）

别名： 香水花、草寸香、草玉铃、鹿铃、小芦铃
科属： 百合科铃兰属

识别要点： 株高20～30cm。地下根状茎横行匍匐平展并具有分枝。叶基生而直立，椭圆形或长圆状卵圆形。花茎由鳞片腋内抽出，与叶近等高；总状花序顶端微弯，偏向一侧，着花6～10朵，小花梗弯曲，具有透明苞叶，芳香，白色，下垂，钟状。花期4～5月。

生态习性： 原产于北半球温带，分布于欧洲、亚洲和北美洲地区。中国东北、华北有分布，现广泛栽培。喜半阴、湿润环境，阳光直射处也能生长。喜凉爽，耐严寒，忌炎热干旱。

园林应用： 铃兰植株矮小；花芳香怡人，优雅美丽，适宜栽植房屋北面及树荫之下作花境，或植于林缘、草坪、坡地用作地被。还可作盆栽和切花用。

石蒜类（*Lycoris* spp.）

科属： 石蒜科石蒜属

识别要点： 鳞茎近球形或卵形，肥厚。叶基生，线形。花莛直立，实心圆筒形；伞形花序顶生，着花4～12朵，花漏斗形；花色有鲜红、粉红、金黄、淡黄、白、乳白等色。花期夏秋。

生态习性： 原产于亚洲东部，以中国和日本为分布中心。耐强光，亦能耐阴。喜温暖和湿润的半阴环境，适应性强，适生于富含腐殖质且排水良好的土壤。

园林应用： 石蒜类有些种冬季叶色翠绿，夏秋季鲜花怒放，园林中可作林下地被丛植或山石间自然式栽植；也可栽植在草地或溪边坡地，配以绿色背景布置花境；亦可盆栽或用作切花。

常见球根花卉识别及应用

常见栽培种

（1）石蒜（*L. radiata*）　别名红花石蒜、老鸦蒜。分布在华中、西南、华南各地。鳞茎近球形。叶线形，浓绿有光泽。伞形花序有花4~12朵，鲜红色或有白色边缘。花期9~10月。

（2）忽地笑（*L. aurea*）　别名黄花石蒜。分布于中国西南、华南、华东及日本。鳞茎大，径5~6cm，皮膜黑褐色。叶阔线形，粉绿色。花5~10朵，鲜黄色至橙黄色，花丝黄色，柱头上部玫瑰红色。花期7~8月。

忽地笑

文殊兰类（*Crinum* spp.）

别名： 白花石蒜、水蕉、海带七、郁蕉、海蕉、玉米兰、苞米兰
科属： 石蒜科文殊兰属

识别要点： 地下具假鳞茎，长圆柱状。叶多数密生，在鳞茎顶端莲座状排列，阔带形或剑形，肥厚。花葶从叶腋抽出，伞形花序着花10～20朵；小花白色，具浓香。花期7～9月。

生态习性： 原产于印度尼西亚、苏门答腊等，中国南方热带和亚热带地区有栽培。喜光照，但畏烈日暴晒，略耐阴，喜温暖、湿润环境，不耐寒，对土壤要求不严。

园林应用： 文殊兰植株洁净美观，常年翠绿色，可作庭院装饰花卉，也可作南方园林景区草坪边缘点缀，还可作房舍周边的绿篱。盆栽可布置会场，摆设于会议厅、宾馆、宴会厅门旁。

常见球根花卉识别及应用

百子莲（*Agapanthus africanus*）

别名： 蓝花君子兰、紫花君子兰、百子兰、紫穗兰、非洲百合、非洲爱情花
科属： 石蒜科百子莲属

识别要点： 地下部分具有绳索状肉质根和短缩根状茎。叶二列状基生，光滑，近革质，线状披针形至舌状条形。花葶自叶丛中抽出，粗壮直立；顶生伞形花序，小花10~50朵，花被钟状漏斗形，鲜蓝色。花期7~8月，果熟期10月。

生态习性： 原产于南非，中国各地多有栽培。喜阳光充足和温暖、湿润环境。土壤要求疏松、肥沃的沙质壤土，忌积水。有一定抗寒能力，南方温暖地区可露地覆盖越冬，北方地区冬季需进温室。

园林应用： 百子莲在南方温暖地区可用布置花坛和花境，或作岩石园的点缀植物。在北方适于盆栽作室内观赏。

花贝母（*Fritillaria imperialis*）

花贝母

别名： 璎珞百合、皇冠贝母、冠花贝母、帝王贝母、王贝母
科属： 百合科贝母属

识别要点： 株高1m以上。具鳞茎，鳞茎较大，茎高，具浓臭味，茎上部有紫斑点。叶3～4枚轮生，顶部叶簇生，叶披针形或长椭圆形。伞形花序腋生，下具轮生的叶状苞；花大，紫红色、橙红色、黄色。花期4～5月。

生态习性： 原产于欧亚大陆温带，喜马拉雅山区至伊朗北部等地。现中国各地广泛栽培。喜阳光充足环境，喜凉爽湿润气候，怕炎热，夏季宜半阴凉爽，要求腐殖质丰富、土层深厚肥沃、排水良好的湿润沙质壤土。

常见球根花卉识别及应用

园林应用： 花贝母植株高大，花大而艳丽，适用于庭院种植，布置花境或基础种植均可，也可作林下地被。高山种类宜作岩石园。少恶臭的种类可作切花。矮生品种则适合盆栽。

常见栽培品种与同属栽培种： 花贝母有多种花色变种和重瓣类型。常见栽培的有：'阿罗拉'（'Aurora'），花铜红色；'冠上冠'（'Crown Upon Crown'），花橙红色、重瓣；'威廉姆'（'William'），花红色。

同属栽培种有川贝母(*F. cirrhosa*)，别名卷须贝母。分布于中国四川，云南，西藏，喜马拉雅山中部、东部等地。株高15～50cm。鳞茎径1～1.5cm。叶带状披针形。花钟状，单生，俯垂；花黄绿色至黄色，有紫色至褐色网状斑纹。花期5～7月。

川贝母

白芨（*Bletilla striata*）

别名： 白鸡儿、凉姜、紫兰、甘根、朱兰
科属： 兰科白芨属

识别要点： 株高30～60cm。假鳞茎呈不规则扁球形，肉质，富黏性，黄白色。叶3～6片，自假鳞茎顶端伸出，披针形或宽披针形。总状花序顶生，小花3～8朵，紫色或淡红色。花期4～5月。
生态习性： 原产于中国，朝鲜半岛和日本也有分布。喜温暖而又凉爽湿润的气候，稍耐寒，耐阴性强，忌强光直射，宜半阴环境。适宜排水良好、肥沃的沙质壤土及腐殖质壤土。
园林应用： 白芨花叶清雅，可丛植于疏林下或林缘隙地，也可与山石配置，在岩石园中自然式丛植，亦可点缀于较为荫蔽的花坛、花境、庭院一角或盆栽观赏。花可作切花花材。

常见球根花卉识别及应用

绵枣儿类（*Scilla* spp.）

别名： 蓝钟花
科属： 百合科绵枣儿属

识别要点： 株高10～20cm。鳞茎较小，近球形。叶基生，线状披针形至长椭圆形。花葶直立，高15～45cm，总状花序顶生；花星形或钟形；花色多为蓝色，也有粉红、紫红、紫色及白色。花期多在春夏季，也有少数品种在秋季开花。

生态习性： 原产于欧洲、亚洲和非洲的森林、沼泽和沿海滩涂地带。适应性强，耐寒、耐旱并耐半阴，对土壤要求不严。

园林应用： 绵枣儿类株丛低矮整齐，花色明快，可自行繁衍，宜作疏林下或草坡上的地被植物，也可布置岩石园和花坛，或盆栽观赏。

晚香玉（*Polianthes tuberosa*）

别名： 夜来香、月下香、玉簪花
科属： 石蒜科晚香玉属

识别要点： 株高80～90cm。地下具鳞块茎，其上半部呈鳞茎状，下半部呈块茎状。叶基生，带状披针形。总状花序顶生，每穗着花12～32朵，自下而上陆续开放，小花成对着生于苞片之中，花白色，漏斗状；有重瓣品种，具浓香，夜晚香气更浓，故得"夜来香"之名。花期7～11月上旬。

生态习性： 原产于墨西哥及南美洲。中国各地广泛栽培。喜阳光充足的环境，喜温暖，不耐霜冻。对土壤要求不严，耐盐碱，喜湿，忌涝，不耐旱，在低湿而不积水之处生长良好，以肥沃黏质壤土为宜。

园林应用： 晚香玉花序长，着花疏而优雅，是花境中优良的竖线条花卉，用于庭院栽培和切花，也常散植或丛植于石旁、路边。

蛇鞭菊（*Liatris spicata*）

别名： 麒麟菊、猫尾花、舌根菊
科属： 菊科蛇鞭菊属

识别要点： 株高60～90cm。茎基部膨大呈扁球形。叶螺旋状互生，线形或披针形。头状花序排列成密穗状，花序部分约占整个花莛长的1/2；小花由上而下次第开放，淡紫红色。花期7～8月。
生态习性： 原产于美国东部地区。中国各地广泛栽植。喜光，耐寒，耐热，耐水湿，耐贫瘠，要求疏松、肥沃的湿润土壤。
园林应用： 蛇鞭菊茎秆挺拔，花穗直挺，花色雅洁，在园林中适用于布置花坛、花境、甬道、背景等，鲜切花可用于瓶插和花篮。

雪钟花（*Galanthus nivalis*）

别名： 雪莲花、铃花水仙、小雪钟
科属： 石蒜科雪钟花属

识别要点： 株高10～20cm。鳞茎球形。叶线形，稍内折呈沟状，粉绿色，具白霜。花茎实心，高出叶丛，花单生顶端，白色，钟状下垂。花期2～4月。

生态习性： 原产于欧洲中南部及高加索地区。现世界各地广泛栽培。喜阳光充足、凉爽湿润的环境，耐寒性强，华北地区可露地越冬。

园林应用： 雪钟花植株低矮，花姿清雅可人，花期早，最宜栽植于林下、坡地或草坪边缘，也可以丛植作花丛、花境，布置在假山石旁或岩石园，还可用于盆栽或切花。

常见球根花卉识别及应用

雪滴花类（*Leucojum* spp.）

别名：雪片莲

科属：石蒜科雪滴花属

识别要点：鳞茎球形。叶基生，较长，线形或平带形，被白粉。花葶直立，中空，扁圆二棱形，边稍呈翼状；伞形花序着花1～8朵，小花钟形下垂，白色或粉红色，先端部有一绿点或黄点。

生态习性：原产于中欧及地中海地区。现世界各地广泛栽培。喜光，稍耐阴，在半阴处生长良好。喜凉爽、湿润的环境，耐寒，在中国长江中下游地区可露地越冬。

园林应用：雪滴花类株丛低矮，花叶繁茂，清秀雅致，宜栽植林下半阴地或坡地，可作为草坪镶边，又宜作花丛、花境及假山石旁或岩石园布置，还可用于盆栽或切花。

蜘蛛兰类（*Hymenocallis* spp.）

别名： 水鬼蕉、蟹蟹花
科属： 石蒜科蜘蛛兰属

识别要点： 株高30～200cm。鳞茎较大，卵形。叶宽带形或椭圆形。花葶扁平实心，花白或黄色，芳香，花高脚杯状。花期春末到秋季。

生态习性： 原产于南美洲、墨西哥及西非等热带地区，现世界各地广泛栽培。喜光但畏烈日，喜温暖、湿润，不耐寒，北方多作温室盆栽。

园林应用： 蜘蛛兰类花瓣细长，副冠皿形，花奇特素雅，芳香，在温室常作常绿球根花卉栽培，也可作露地春植球根栽培。宜盆栽观赏，布置花坛、林缘、草地或作切花。

常见同属栽培种： 蜘蛛兰（*H.americana*），常绿草本，株高30～70cm。叶基生，剑形。伞形花序顶生，着花3～8朵；花由外向内次第开放；花大，白色，花筒部带绿色。花期夏秋。

常见球根花卉识别及应用

番红花类（*Crocus* spp.）

别名： 藏红花、西红花
科属： 鸢尾科番红花属

识别要点： 株高10～20cm。球茎扁圆球形。叶基生，条形，灰绿色，边缘反卷。花茎甚短，不伸出地面；花茎基部具佛焰苞片；花1～2朵，淡紫色，有香味。花期春或秋。

生态习性： 原产于欧洲、地中海及中亚等地，现世界各地广泛栽培。喜冷凉、湿润和半阴环境，较耐寒，对土壤要求不严，宜排水良好、腐殖质丰富的沙壤土。

园林应用： 番红花类植株矮小，叶丛纤细，花朵娇柔优雅，多用作花坛、道路镶边，最宜混植于草坪中组成嵌花草坪，作为疏林下地被。又可供花境、岩石园点缀丛栽。也可盆栽或水养观赏。

葱兰（*Zephyranthes candida*）

别名：葱莲、白花菖蒲莲、玉帘、葱叶水仙
科属：石蒜科葱莲属

识别要点：株高15～20cm。鳞茎圆锥形，较小。叶肉质基生，狭线形，暗绿色。花单生，较小，白色，外部带有淡红色晕。蒴果近球形。花期7月下旬至11月初。

生态习性：原产于北美墨西哥等地。现全世界各地广泛栽培。喜阳光，耐半阴和低湿环境。喜温暖，较耐寒。适宜排水良好、肥沃而富含腐殖质的稍黏质土壤。

常见球根花卉识别及应用

园林应用：最宜为林下、坡地等地被植物，也常作花坛、花境及路边的镶边材料，或盆栽观赏。

常见同属栽培种：韭兰（*Z. grandiflora*），别名红花菖蒲莲、韭菜莲、风雨花。原产于中南美墨西哥湿润林地。株高15～30cm。鳞茎卵球形。基生叶5～7枚，扁平线形，与花同时伸出。花粉红色至玫瑰红色。单生于花葶先端，具佛焰苞状苞片。一年开多次花。通常干旱后即可开花，故有"风雨花"之称。

水仙类（*Narcissus* spp.）

别名： 水仙花、雅蒜
科属： 石蒜科水仙属

识别要点： 株高20～80cm。鳞茎肥大，卵状至广卵状球形。茎生叶直立，互生，带状线形，有叶鞘包被。花葶直立，一葶一花或多花的伞形花序，总苞片佛焰苞状，膜质。

生态习性： 原产于中欧、北非地中海沿岸地区，现世界各地广泛栽培。喜温暖、湿润和阳光充足的环境，尤以冬无严寒、夏无酷暑、春秋多雨最为适宜。

常见球根花卉识别及应用

园林应用： 水仙类植株低矮，花姿雅致，花色淡雅，芳香，叶清秀，在南方园林中宜布置花坛、花境。也是很好的地被花卉。自古以来多用于盆栽、水养，置于几案上，供装饰和观赏。水仙类花朵水养持久，为良好的切花材料。

常见同属栽培种：

（1）中国水仙（*N. tazetta* var. *chinensis*） 别名凌波仙子、落神香妃、金银台、姚女花。花被片白色，副冠黄色，小杯状，冬季开花。

（2）喇叭水仙（*N. pseudo-narcissus*） 别名黄水仙、漏斗水仙。原产于法国、葡萄牙、意大利、西班牙等地。鳞茎球形。花莛高20～40cm，每莛一花；副冠与花被等长或长于花被片；花黄色，副冠橘黄色，边缘有不规则锯齿状皱；花冠横向开发。花期3～4月。

荷花（*Nelumbo nucifera*）

别名： 莲花、芙蕖、水芙蓉、菡萏、藕花
科属： 睡莲科莲属

识别要点： 多年生挺水草本植物。根状茎横走，粗壮肥厚，有长节，节部缢缩。叶圆形，盾状，直径20～90cm，表面深绿色，被蜡质白粉，背面灰绿色，全缘稍呈波状；叶柄长1～2m，圆柱形，常挺出水面。花单生于花梗顶端，直径6～33cm，有单瓣、重瓣及重台等花型；花有白、粉、深红、淡紫、黄或间色等变化。花期6～9月。

生态习性： 中国南北各地均有自生或栽培。喜生长在池塘、浅水湖泊和沼泽地等环境条件中，适宜水深在20～150cm；喜光，生育期需要全光照环境。

园林应用： 荷花碧叶如盖，花朵娇美高洁，是园林水景中造景的主题材料，可以布置荷花专类园，夏花装饰湖塘和庭院水池，亦可盆栽。

常见水生花卉识别及应用

睡莲（*Nymphaea tetragona*）

别名：子午莲、睡浮莲、瑞莲、水洋花、小莲花
科属：睡莲科睡莲属

识别要点：多年生水生草本花卉。根状茎粗短。叶丛生，具细长叶柄，浮于水面，纸质或近革质，圆心形或肾卵形，上面浓绿，幼叶有褐色斑纹，下面带紫色或红色。花单生于花柄顶端，直径3~6cm，花色有白、红、粉、黄、蓝、紫等色及其中间色。花期6~9月。

生态习性：中国南北各地池沼均有自生。喜强光、通风良好和水质清、净、温暖的环境，对土质要求不严。生长季节池水深度以不超过80cm为宜。

园林应用：睡莲飘逸悠闲，花色丰富，花型小巧，体态可人，是重要的浮水花卉，最适宜丛植，点缀水面，丰富水景，尤其适宜布置庭院的水池。

王莲（*Victoria amazonica*）

别名： 水玉米
科属： 睡莲科王莲属

识别要点： 多年生或一年生大型浮叶草本植物。具发达的不定须根，白色。根状短茎直立。叶片圆形，像圆盘浮在水面，直径可达1～2.5m，叶面正面光滑，绿色略带微红，有皱褶，背面紫红色；叶脉为放射网状；叶子背面和叶柄有许多坚硬的刺。花大而美丽，单生，直径25～40cm。

生态习性： 原产于南美洲热带水域，现已引种到世界各地的植物园或公园。喜光，喜高温的环境，耐寒力极差，气温和水温降到20℃以下时，生长停滞；喜肥沃深厚的污泥，水深宜不超出1m。

园林应用： 王莲叶巨大肥厚而别致，漂浮水面，十分壮观，在园林水景中为水生花卉之王。常表现现代水景中的热带风光。

常见水生花卉识别及应用

千屈菜（*Lythrum salicaria*）

别名： 水枝柳、水柳、对叶莲、千蕨菜
科属： 千屈菜科千屈菜属

识别要点： 多年生湿生草本植物。株高约1m，全株具柔毛，有时无毛。茎四棱或六棱，直立，被白色柔毛或无毛。叶对生或3片轮生，狭披针形。总状花序顶生，小花多而密，紫红色。夏秋开花。
生态习性： 原产于欧洲和亚洲暖温带，中国南北各地均有野生。喜温暖及光照充足、通风良好的环境，喜水湿，多生长在沼泽地、水旁湿地和河边、沟边，在浅水中栽培长势最好。较耐寒，在中国南北各地均可露地越冬。
园林应用： 千屈菜清秀整齐，花色鲜丽，观赏期长，可成片布置于湖岸河旁的浅水处以遮挡单调枯燥的岸线，是极好的水景园林造景植物；也可盆栽摆放庭院中；还可以用作切花。

菖蒲（*Acorus calamus*）

别名： 臭菖蒲、水菖蒲、大叶菖蒲、白菖蒲
科属： 天南星科菖蒲属

识别要点： 多年生挺水草本植物，株高60～80cm。根状茎粗状，稍扁，有多数不定根。叶基生，叶片剑状线形。花从茎基生出，扁三棱形，短于叶片，叶状佛焰苞长20～40cm；肉穗花序直立或斜向上生长，圆柱形。花期6～9月。

生态习性： 广泛分布于温带、亚热带，生长在池塘、湖泊岸边浅水区、沼泽地中，在中国南北各地都有分布。生长适宜温度20～25℃，10℃以下停止生长，以地下茎潜入泥中越冬。

园林应用： 菖蒲叶丛挺立而秀美，并具香气，适宜水景岸边及水体绿化；也可盆栽观赏；叶、花序还可用作切花。

常见水生花卉识别及应用

花叶芦竹（*Arundo dona* x var. *versicolor*）

别名： 花叶玉竹、斑叶芦竹、彩叶芦竹
科属： 禾本科芦竹属

识别要点： 多年生挺水宿根草本观叶植物。地下根状茎强壮，地上茎通直有节，表皮光滑，丛生。叶长，互生，斜出，排成二列，披针形，弯垂，绿色具美丽的条纹（金黄色或白色），叶端渐尖，叶基鞘状，抱茎。圆锥花序顶生，形似毛帚。花期10月。

生态习性： 原产于地中海一带，在中国华东、华南、西南等地已广泛种植，通常生于河旁、池沼、湖边，喜光、喜温、耐湿，也较耐寒。

园林应用： 花叶芦竹在园林造景中主要用于水景园背景材料，也可点缀于桥、亭、榭四周，又可盆栽用于庭院观赏，花序和根茎可用作切花。

萍蓬草（*Nupahar pumilum*）

别名：萍蓬莲、黄金莲、金莲、荷根
科属：睡莲科萍蓬草属

识别要点：多年生浮叶型水生草本植物。根状茎横卧或直立。叶二型，浮水叶纸质或近革质，宽卵形或卵形；沉水叶薄而柔软。花单生，圆柱状花柄挺出水面，短圆形或椭圆形，绿黄色；花瓣10～20枚，狭楔形，先端微凹。花期5～9月。
生态习性：萍蓬草分布于中国、日本和俄罗斯。性喜温暖、湿润、阳光充足的环境，对土壤要求不严，以土质肥沃略带黏性为好。
园林应用：萍蓬草为观花、观叶植物，多用于池塘水景布置，也可盆栽于庭院、建筑物、假山石前，或居室前的向阳处，萍蓬草的根具有净化水体的功能。

常见水生花卉识别及应用

芡实（*Euryale ferox*）

别名： 鸡头米、鸡头荷、鸡头莲、刺莲藕、湖南根、假莲藕、肇实
科属： 睡莲科芡属

识别要点： 一年生大型浮水草本植物。根状茎粗壮，具白色须根及不明显的茎。叶二型，初生叶沉水，箭形或椭圆肾形，两面刺；后生叶浮于水面，革质，椭圆状肾形或圆状盾形，表面深绿色，被蜡质，具多数隆起，背面深紫色，叶柄长，圆柱形中空，表面生多数刺。花单生，花紫色；花梗粗长，多刺，伸出水面。种子球形，黑色。花期5～9月，果熟期7～10月。

生态习性： 中国南北各地均有分布。喜温暖、光照充足的环境，生于池塘、湖沼中。

园林应用： 芡实叶片巨大，平铺于水面，极为壮观，配置水景可增加野趣。

园林花卉识别彩色图册

水葱（*Scirpus tabernaem-ontani*）

别名：莞、管子草、水丈葱、冲天草
科属：莎草科藨草属

识别要点：多年生宿根挺水草本植物，株高1.5～1.8m。匍匐根状茎粗状，须根很多。茎秆高大通直，圆柱状，中空，平滑。叶片线形。聚伞花序单生或复出，密生多数花。花期5～9月。

生态习性：除华南外，中国各地均有分布，朝鲜、日本，大洋洲、南北美洲也有分布。喜生于浅水湖边、塘或湿地中，喜光照。

园林应用：水葱株丛挺立，株形奇趣，色彩淡雅，富有特别的韵味，可于岸边、池旁布置，极为美观。也可盆栽用于庭院布置，还可作切花材料。

慈姑（*Sagittaria sagittifolia*）

别名： 华夏慈姑、燕尾草、芽菇、剪刀草
科属： 泽泻科慈姑属

识别要点： 多年生直立草本植物，株高约1m。根状茎横走粗壮，有纤匐枝，枝端膨大成球茎。叶具长柄；叶形变化较大，通常为戟形，宽大，肥厚，顶裂片先端圆钝，基部裂片短，与叶片等长或较长，向两侧开展。花莛直立，总状或圆锥花序。花期5～10月。

生态习性： 原产于中国，广布亚洲热带、温带地区，欧美也有栽培。有很强的适应性，在各种淡水水面的浅水区均能生长，要求光照充足、气候温和、较背风、土壤肥沃的环境。

园林应用： 慈姑为浅水型植物，叶形奇特，植株美丽，适应能力较强，可作水边、岸边的绿化材料，也可作盆栽观赏。

泽泻（*Alisma orientale*）

别名：川泽泻、光泽泻、水泻、泽夕
科属：泽泻科泽泻属

识别要点：多年生水生或沼生草本植物。地下块茎为球形。叶根生，多数；二型沉水叶条形或披针形，挺水叶宽披针形、椭圆形至卵圆形。花葶由叶丛中抽出，圆锥状复伞形花序；花瓣倒卵形，白色。花期5～9月。

生态习性：原产于中国，南北各地均有分布和栽培。喜光、喜温，耐寒、耐湿。

园林应用：泽泻株形美观，叶色翠绿，花小色白，非常迷人，既能观叶又能观花，常用在水景园配置或盆栽布置庭院。

常见水生花卉识别及应用

凤眼莲（*Eichhornia crassipes*）

别名：水葫芦、凤眼蓝、水葫芦苗
科属：雨久花科凤眼莲属

识别要点：多年浮水草本植物，株高约30cm。根丛生于节上，须根发达且悬浮于水中。茎短缩，具匍匐走茎。单叶丛生于短缩茎的基部呈莲座状，叶卵圆形、倒卵形至肾形，叶面光滑、全缘；叶柄中下部有膨胀如葫芦状的气囊，基部具削状苞片。花葶单生直立，穗状花序，蓝紫色。花期7～10月。

生态习性：原产于巴西。喜向阳、平静的水面，潮湿、肥沃的边坡也能正常生长，在日照时间长、温度高的条件下生长较快，受冰冻后叶茎枯黄。

园林应用：凤眼莲叶色光亮，花色美丽，叶柄奇特，可布置水景，花可作切花。

香蒲（*Typha oangustata*）

别名：东方香蒲、水蜡烛、水烛、蒲草、蒲菜、猫尾草
科属：香蒲科香蒲属

识别要点：多年生水生或沼生草本，株高约1.5m。根状茎乳白色，细长。叶片直立，条形，光滑无毛，上部扁平，下部腹面微凹，背面逐渐隆起呈凸形；叶鞘抱茎。穗状花序呈蜡烛状，浅褐色，雄花序在上，雌花序在下，中间有隔膜，露出花序轴。花期5～8月。

生态习性：广泛分布于中国、菲律宾、日本、俄罗斯及大洋洲等地。喜温暖、湿润的气候和阳光充足且潮湿的环境。

园林应用：香蒲叶绿、穗奇，可用于点缀园林水池，其叶片挺拔，花序粗壮，可用作切花。

常见水生花卉识别及应用

大藻（*Pistia stratiotes*）

别名： 大叶莲、水浮莲、水荷莲、天浮莲
科属： 天南星科大藻属

识别要点： 多年生漂浮型水生草本植物，株高10～20cm。根须垂悬水中。无直立茎，主茎短缩而叶呈莲座状，从叶腋间向四周分出匍匐茎，茎顶端发出新植株。叶簇生，无叶柄，叶片倒卵状楔形。花序生叶腋间，有短的总花梗，佛焰苞小，淡绿色，肉穗花序。花期夏秋。

生态习性： 广泛分布在全球热带、亚热带，在中国的华东、华南、长江流域等地，常生于沟渠、湖泊、河流池塘、稻田边等水质肥沃的静水边或缓流的水面中。喜高温高湿，不耐寒。

园林应用： 大藻株形美丽，叶色翠绿，质感柔和，形状奇特，犹如朵朵绿色莲花漂浮水面，别具情趣，在园林水景中，常用来点缀水面，还可盆栽观赏。

荇菜（*Nymphoides peltatum*）

别名：莕菜、莲叶莕菜、水荷叶、大紫背浮萍
科属：龙胆科荇菜属

识别要点：多年生浅水性浮水草本植物。枝条二型，长枝匍匐于水底；短枝从长枝的节处长出。叶卵形，基部深裂呈心形，近革质，上表面绿色，下表面紫色。伞形花序生于叶腋，花大而明显，花冠黄色。花期8～10月。

生态习性：原产于中国，印度、伊朗、日本和俄罗斯等国也有分布。喜光线充足的环境和肥沃的土壤，常生活在浅水或不流动的水域，适应能力极强，耐寒，也耐热。

园林应用：荇菜叶片小巧别致，形似睡莲，鲜黄色花朵挺出水面，花多且花期长，常用于绿化美化水面。

瓜叶菊（*Senecio cruentus*）

别名：千日莲、千叶莲
科属：菊科瓜叶菊属

识别要点：多年生宿根草本，株高20～40cm。茎粗壮、直立。叶大而薄，呈心形或三角状，边缘具波状锯齿；叶柄粗壮；叶似黄瓜叶，故称瓜叶菊。头状花序，簇生成伞房状，花色有白、粉红、玫瑰红、紫红、紫、蓝等，有单色或复色。

生态习性：原产于西班牙加那利群岛。性喜温暖，不耐寒，不耐高温，喜湿润、通风凉爽的环境。喜肥，喜疏松、排水良好的土壤。要求光照充足，但忌强光直射。

园林应用：瓜叶菊株丛紧密，盛开时花朵覆盖全株，花色丰富艳丽，渲染热烈气氛，主要用作盆栽观赏。

报春花类（*Primula* spp.）

别名： 年景花、樱草、仙鹤莲、七重楼、四季报春
科属： 报春花科报春花属

识别要点： 宿根花卉，盆栽多作一、二年生栽植，株高20～40cm。地上茎较短。根出叶，卵圆形或椭圆形，质地较薄，边缘有锯齿，叶柄长，叶脉明显，叶背及花梗上均被有白粉。伞形花序多轮，花略具香味，花较小，花有粉红、深红、淡紫等色。花期1～5月。

生态习性： 原产于北半球温带和亚热带高山地区。喜冷凉、湿润的环境；日照中性，忌强烈的直射阳光，忌高温干燥；喜湿润、疏松的土壤。

园林应用： 报春花类植株低矮，花色丰富，花期较长，是冬、春季节的主要观赏花卉，是家庭、宾馆、商场等场所冬季环境绿化、美化装饰的盆花材料，亦可作切花、插花之用。

多花报春

藏报春

常见室内花卉识别及应用

欧洲报春

常见同属栽培种:

(1) 多花报春 (*P. polyantha*)　别名西洋报春。多年生草本,株高15~30cm。叶倒卵圆形,叶基渐狭成有翼的叶柄。花梗比叶长;伞形花序多数丛生;花色有红、粉、黄、褐、白和青铜色等。花期春季。

(2) 欧洲报春 (*P. vulgalis*)　原产于欧洲。多年生草本,株高8~15cm。叶片长椭圆形或倒卵状椭圆形,叶面皱,基渐狭成有翼的叶柄。花莛多数,单花顶生,有香气;花径约4cm;花色野生者淡黄色,栽培品种有白、黄、蓝、肉红、紫、暗红、蓝堇、淡蓝、粉、橙黄、淡红和青铜等色,一般喉部黄色,还有花冠上有各色条纹、斑点、镶边的品种和重瓣品种。花期春季。

(3) 藏报春 (*P. sinensis*)　别名大樱草。高15~30cm,全株密被腺毛。叶卵圆形,有浅裂,缘具缺刻状锯齿,基部心脏形,有长柄。伞形花序1~3轮,花呈高脚碟状,径约3cm;花色有粉红、深红、淡蓝和白色等。

蒲包花（*Calceolaria herbeohybrida*）

别名： 拖鞋花
科属： 玄参科蒲包花属

识别要点： 多年生草本多作一年生栽培，株高30~40cm。茎叶具绒毛，叶对生或轮生，基部叶较大，上部叶较小，卵形或椭圆形。不规则伞形花序顶生，花具二唇，似两个囊状物，上唇小，直立，下唇膨大似荷包状，中间形成空室；花色丰富，单色品种具黄、白、红等各种深浅不同的花色，复色品种则在各种颜色的底色上，具橙、粉、褐红等色斑或色点。花期12月~翌年5月。

生态习性： 原产于墨西哥、智利等地，现各地温室均有栽培。喜凉爽、光照充足、空气湿润、通风良好。不耐严寒，又畏高温闷热。

园林应用： 蒲包花植株低矮，开花繁密覆盖全株，花形奇特，花色丰富而艳丽，花期长，主要作盆栽观赏。

常见室内花卉识别及应用

非洲紫罗兰（*Saintpaulia ionantha*）

别名：非洲堇、非洲紫苣苔
科属：苦苣苔科非洲苦苣苔属

识别要点：多年生宿根草本。无茎，全株被毛。叶基部簇生，稍肉质，叶片圆形或卵圆形，背面带紫色，有长柄。花1～6朵簇生在有长柄的聚伞花序上；花色有紫红、白、蓝、粉红和双色等。

生态习性：原产于非洲东部。性喜半阴、温暖、湿润环境。

园林应用：非洲紫罗兰植株矮小，花色丰富，气质高雅，花姿妩媚，是优良的室内花卉，特别适合于点缀室内案头、窗台和阳台。

大花君子兰（*Clivia miniata*）

别名：君子兰、达木兰、剑叶石蒜
科属：石蒜科君子兰属

识别要点：多年生宿根花卉，株高（花茎）30～50cm。基部具叶基形成的假鳞茎，根肉质纤维状。叶二列交叠互生，宽带状，端圆钝，边全缘，剑形，叶色浓绿，革质而有光泽。花茎自叶丛中抽出，扁平，肉质，实心，伞形花序顶生，有花10～40朵，花被6片，组成漏斗形，基部合生，花橙黄、橙红、深红等色。浆果，未成熟时绿色，成熟时紫红色。花期12～翌年5月，果熟期7～10月。

生态习性：原产于南非。性喜温暖而半阴的环境，忌炎热，怕寒冷。生长过程中怕强光直射。要求深厚肥沃、疏松、排水良好、富含腐殖质的微酸性沙壤土。

园林应用：大花君子兰花、叶、果兼美，观赏期长，叶片青翠挺拔、高雅端庄，色彩艳丽，适于作中型盆栽花卉，是布置会场、厅堂，美化家庭环境的名贵花卉。

非洲菊（*Gerbera jamesonii*）

别名： 扶郎花、扶郎菊、灯盏花
科属： 菊科大丁草属

识别要点： 多年生宿根草本，全株有绒毛，老叶背面尤为明显。基生叶丛状，叶长椭圆状披针形，具羽状浅裂或深裂。总苞盘状钟形，苞片条状披针形；花葶高20～60cm，有的品种可达80cm，头状花序顶生；花色有白、黄、橙、粉红、玫瑰红、洋红等色。可四季开花，以春、秋为盛。

生态习性： 原产于南非，现世界各地广泛栽培。喜阳光充足、空气流通的温暖气候；要求富含腐殖质、排水良好的疏松土壤，在盐碱化严重的土壤中难以生长。

园林应用： 非洲菊花色艳丽、明亮，花期长，是著名切花。也可布置花坛、花境，或温室盆栽用作厅堂、会场等装饰摆放。

秋海棠类（*Begonia* spp.）

别名：岩丸子、相思草、玻璃翠、瓜子海棠
科属：秋海棠科秋海棠属

识别要点：茎基部常具块状茎或根状茎。叶茎生或互生于茎上，叶基常偏斜。花单性同株，雌雄花同生于一花束上，雄花常先开放，花被片4，分两轮，雌花被片5。

生态习性：原产于巴西，性喜温暖、湿润、半阴的环境，不耐寒，不喜强光暴晒。生长适温20℃，低于10℃生长缓慢。适宜空气湿度大、土壤湿润的环境，不耐干燥，亦忌积水。在温暖地区多自然生长在林下沟边、溪边或阴湿的岩石上。

四季秋海棠

常见室内花卉识别及应用

彩纹秋海棠

丽格秋海棠

园林应用： 秋海棠类常用于布置夏、秋花坛和草坪边缘。盆栽秋海棠常用以点缀客厅、橱窗或装点家庭窗台。

常见同属栽培种：

（1）四季秋海棠（*B. semperflorens*）　别名瓜子秋海棠。多年生草本花卉，株高15～40cm。须根纤维状。茎直立，多分枝，半透明略带肉质。叶互生，卵圆形至广椭圆形，边缘有锯齿，有的叶缘具毛，叶色有绿色和淡紫红色两种。花数朵聚生，多腋生，有重瓣种，花色有白、粉红、深红等色。花期周年。

（2）彩纹秋海棠（*B. masoniana*）　别名铁十字秋海棠。多年生草本花卉。叶卵形，表面有皱纹和刺毛，叶色为淡绿色，中央呈红褐色的马蹄形环带。花较小，黄绿色。

（3）丽格秋海棠（*B. elatior*）　宿根草本植物。块茎肉质，扁圆形。花形、花色丰富，花朵硕大，华贵瑰丽。属短日照植物，不结种子。冬至春季开花。

园林花卉识别彩色图册

（4）**球根秋海棠**（*B. tuberhybrida*）　多年生草本花卉。地下部为块茎，呈不规则的扁球形；茎直立或稍呈铺散状，有分枝，茎略带肉质而附有毛，为绿色或暗红色。叶较大，宽卵形或倒心脏形，先端渐尖，叶缘具锯齿，有毛。花单性同株，雄花大而美丽，雌花小形；花色有白、红、黄等色，还有间色，有单瓣、半重瓣、重瓣。花期春末初夏或秋季。

（5）**蟆叶秋海棠**（*B. rex*）　别名虾蟆秋海棠。多年生草本花卉。根茎肥厚，粗短。叶宽卵形，边缘有深波状齿牙；叶绿色，叶面上有深绿色纹，中间有银白色斑纹，叶背为紫红色，叶和叶柄上密生茸毛。花较小，淡红色。

球根秋海棠

蟆叶秋海棠

新几内亚凤仙（*Impatients hawkeri*）

别名： 五彩凤仙花、四季凤仙
科属： 凤仙花科凤仙花属

识别要点： 多年生常绿草本花卉，植株挺直，株丛紧密，矮生。茎半透明肉质，粗壮，多分枝。叶互生，披针形，绿色、深绿、古铜色；叶表有光泽，叶脉清晰，叶缘有尖齿。花腋生，较大，花色有粉红、红、橙红、雪青、淡紫及复色等。花期5～9月。

生态习性： 原产于非洲，现世界各地多有栽培。性喜冬季温暖、夏季凉爽通风的环境，不耐寒，喜半阴，忌暴晒。根系不发达，要求肥沃、疏松、排水良好、富含腐殖质的偏酸性土壤。

园林应用： 新几内亚凤仙株丛紧密，开花繁茂，花期长，是很受欢迎的新潮花卉，可用作室内盆栽观赏，温暖地区或温暖季节可布置于庭院或花坛。

鹤望兰（*Strelitza reginae*）

别名：天堂鸟花、极乐鸟花
科属：旅人蕉科鹤望兰属

识别要点：常绿宿根草本，株高达1～2m。根粗壮肉质。茎不明显。叶对生，两侧排列，有长柄，长椭圆形或长椭圆状卵形；叶柄与叶近等长，中央有纵槽沟。每个花序着花6～8朵，总苞片绿色，边缘晕红；小花花形奇特，似仙鹤翘首远望，栩栩如生，故名"鹤望兰"。秋冬开花。

生态习性：原产于非洲，现各地均有栽培。喜冬季温暖、夏季凉爽、空气湿润的环境，要求阳光充足，但怕夏季烈日暴晒。喜肥沃、排水良好的稍黏土壤。

园林应用：鹤望兰叶大姿美，四季常青，花序色彩夺目，形状奇特，具有极高的观赏价值。适用于宾馆、接待大厅、会议室、厅堂环境布置，具清新、高雅之感。亦为重要切花。

花烛类（*Anthrium* spp.）

别名：灯台花、安祖花、火鹤花、红掌
科属：天南星科花烛属

识别要点：株高20～50cm。根略肉质，节间短，近无茎。叶自根茎抽出，具长柄，有光泽，呈长卵圆形，有光泽。花莛自叶腋抽出，佛焰苞直立展开，蜡质，卵圆形或心形，肉穗花序，圆柱状，花两性；佛焰苞有鲜红、粉红、白、绿等色。

生态习性：原产于南美洲热带雨林，喜温热、潮湿而又排水畅通的环境，不耐寒。土壤要求排水良好。全年宜在半阴环境下栽培，冬季需充足阳光。

园林应用：花烛类叶及花皆美丽，有金属光泽，花色丰富，花期极长，盆花多在室内的茶几、案头等处作装饰花卉，也是重要的切花。

六出花（*Alstroemeria aurantiaca*）

别名： 智利百合、秘鲁百合、百合水仙
科属： 石蒜科六出花属

识别要点： 多年生草本。根肥厚、肉质，似块状茎，簇生，平卧。茎直立，不分枝。叶多数，互生，披针形，呈螺旋状排列。伞形花序，花小而多，喇叭形，内轮具红褐色条纹斑点；花色有白、黄、橙黄、粉红、红等。

生态习性： 原产于南美的智利、秘鲁、巴西、阿根廷和中美的墨西哥。喜温暖、湿润和阳光充足环境。夏季需凉爽，怕炎热，耐半阴，不耐寒。

园林应用： 六出花盆栽可布置厅堂、阳台等；也是新颖的切花材料。

仙客来（*Cyclamen persicum*）

别名：兔子花、兔耳花、萝卜海棠、一品冠
科属：报春花科仙客来属

识别要点：多年生草本，株高20～30cm。具球形或扁球形块茎。叶着生在块茎顶端的中心部，心状卵圆形，叶缘具牙状齿，叶表面深绿色，多数有灰白色或浅绿色斑块，背面紫红色；叶柄红褐色，肉质，细长。花单生，由块茎顶端抽出，花瓣蕾期先端下垂，开花时向上翻卷扭曲，状如兔耳；花色有白、粉红、红、紫红、橙红、洋红等色。花期12～翌年5月。

生态习性：原产于南欧及地中海一带，各地都有栽培。喜温暖，不耐寒，喜阳光充足和湿润的环境，喜排水良好、富含腐殖质的酸性沙质土壤。

园林应用：仙客来为世界著名花卉，花型奇特，株形优美，花色艳丽，花期长，花期又正值春节前后，可盆栽，用以节日布置或作家庭点缀装饰，也可作切花。

大岩桐（*Sinningia hybrida*）

别名： 六雪泥、落雪泥
科属： 苦苣苔科苦苣苔属

识别要点： 多年生草本，株高12～25cm，全株密被白色绒毛。地下部分具有块茎；地上茎极短，叶对生，卵圆形或长椭圆形，肥厚而大，有锯齿，叶背稍带红色。花顶生或腋生，花冠钟状，有粉红色、红色、紫蓝色、白色、复色等。花期4～11月。

生态习性： 原产于巴西，世界各地温室栽培。喜温暖、潮湿，忌阳光直射，喜疏松、肥沃的微酸性土壤。

园林应用： 大岩桐花朵大，花色浓艳多彩，是节日点缀和装饰室内的理想盆花。

马蹄莲（*Zantedeschia aethiopica*）

别名： 水芋、观音莲、慈姑花
科属： 天南星科马蹄莲属

识别要点： 多年生草本，株高60～100cm。地下具肉质块茎。叶基生，叶柄上部具棱，下部鞘状抱茎；叶片箭形，全缘，绿色有光泽。花梗高出叶丛，肉穗花序圆柱状，黄色，藏于佛焰苞内；佛焰苞白色，似马蹄；花序上部为雄花，下部为雌花。温室栽培花期12月～翌年5月。

生态习性： 原产于南非，现中国广为栽培。喜温暖、阳光，也能耐阴，开花期需充足阳光，否则花少，佛焰苞常呈绿色。喜土壤湿润和较高的空气湿度。忌炎热，适于富含腐殖质、排水良好的沙壤土。

园林应用： 马蹄莲叶色翠绿，叶柄修长，苍翠欲滴，花茎挺拔，花朵苞片洁白硕大，宛如马蹄，秀嫩娇丽，是装饰客厅、书房的良好盆栽花卉，也是切花、花束、花篮的理想材料。

彩色马蹄莲

马蹄莲

小苍兰（*Freesia refracta*）

别名：香雪兰、小菖兰、洋晚香玉、麦兰
科属：鸢尾科香雪兰属

识别要点：多年生球根花卉，株高30~45cm。球茎长卵形，茎柔弱，有分枝。茎生叶二列互生状，短剑形。穗状花序顶生，花序轴斜生，稍有扭曲；花漏斗状，偏生一侧，花清香似兰；花色丰富，有红、粉、黄、白多品种。
生态习性：原产于南非。性喜温暖、湿润环境，要求阳光充足，但不能在强光、高温下生长。宜于在疏松、肥沃的沙壤土中生长。
园林应用：小苍兰株态清秀，挺拔，花色浓艳，芳香馥郁，适于盆栽或作切花。

常见室内花卉识别及应用

虎眼万年青（*Ornithogalum caudatum*）

别名： 鸟乳花、土三七
科属： 百合科虎眼万年青属

识别要点： 多年生球根花卉。鳞茎大，可达10cm，卵球形。叶基生，5～6枚，带状或长条状披针形，拱形下垂，稍肉质。花莛粗壮而长，高可达1m，总状花序长15～30cm，花多而密集；花被片白色，中间有绿脊。花期5～6月。

生态习性： 原产于非洲，现广泛栽培。喜阳光，亦耐半阴，不耐寒；夏季怕阳光直射，喜湿润环境，稍耐旱；要求肥沃且排水良好的沙质壤土。

园林应用： 虎眼万年青宜室内盆栽观赏。

八仙花（*Hydrangea macrophylla*）

别名：绣球花、紫阳花、粉团花
科属：虎耳草科八仙花属

识别要点：落叶灌木，高1.5～2m，盆栽较矮。干暗褐色，条状剥裂；小枝及芽粗壮，枝绿色，光滑或有毛，皮孔明显。叶对生，卵圆形或椭圆形，长可达20cm左右，边缘部分具粗锯齿。伞房花序顶生，花色有白色、绿色、粉色至蓝色。花期6～7月。

生态习性：原产于中国，是长江流域著名观赏植物，朝鲜半岛及日本也有分布。喜温暖、湿润和半阴环境；忌强光直射；不耐寒。喜疏松肥沃、排水良好的酸性土壤。

园林应用：八仙花可配置于稀疏的树荫下及林荫道旁，片植于阴向山坡。也可盆栽室内观赏。

常见室内花卉识别及应用

月季（*Rosa chinensis*）

别名： 蔷薇花、玫瑰花、月月红
科属： 蔷薇科蔷薇属

识别要点： 落叶灌木或常绿灌木，或蔓状与攀缘状藤本植物。茎为棕色偏绿，具有钩刺或无刺；小枝绿色。叶为墨绿色，互生，奇数羽状复叶。花生于枝顶，花朵常簇生，稀单生，花色甚多，色泽各异，径4~5cm，多为重瓣，也有单瓣者；花微香，花期4~10月。

生态习性： 中国是月季的原产地之一。耐寒、耐旱，对土壤要求不严格，但以富含有机质、排水良好、微带酸性的沙壤土最好。喜光，但是过多的强光直射对花蕾发育不利。

园林应用： 月季可用于园林布置花坛、花境、庭院、专类园，可制作月季盆景，作切花、花篮、花束等。

园林花卉识别彩色图册

观赏凤梨类（Bromeliaceae）

别名：菠萝花、凤梨花
科属：凤梨科

识别要点：观赏凤梨的品种较多，形态特征有一定的差异，但多数品种有其共同的形态特征：叶多为基生，质地较硬，带状或剑形，绿色或彩色，叶形雅致，叶色鲜艳。花茎从叶丛中抽出，花头为圆锥形、棒形或疏松的伞形，形态奇妙，花色艳丽。

常见栽培种：

（1）果子蔓凤梨 别名红杯凤梨。常附生，株高约30cm。叶莲座状着生，呈筒状；叶片带状，外曲，叶基部内折成槽，翠绿色，有光泽。伞房花序，外围阔披针形苞片大，苞片鲜红色或桃红色。

（2）松果凤梨 四季常绿，花姿美丽，色彩丰富，常见的有大红、粉红、金黄、玫瑰红4种花色。叶子比较长，但能笔直耸立。

果子蔓凤梨

松果凤梨

常见室内花卉识别及应用

中间的花蕾像一串红色的松果。

（3）**虎纹凤梨** 多年生常绿草本。叶丛莲座状，深绿色，两面具紫黑的横向带斑。花序直立，呈烛状，略扁，苞片互叠，鲜红色，小花黄色。

（4）**彩苞凤梨** 别名火炬凤梨。多年生常绿草本，株高20~30cm，植株粗壮。叶基生，呈莲座状，叶片带状，全缘；浅绿色具光泽。花莛多分枝，高出叶丛，顶生穗状花序扁平，苞片二列套叠，鲜红色，有光泽；小花黄色。花期可达3个月。

园林应用： 观赏凤梨是当今最流行的室内观叶、观花植物，作为客厅摆设，既热情又含蓄，很耐观赏。

虎纹凤梨

彩苞凤梨

倒挂金钟（*Fuchsia hybrida*）

别名：短筒倒挂金钟、吊钟海棠、灯笼海棠、吊钟花
科属：柳叶菜科倒挂金钟属

识别要点：常绿丛生亚灌木或灌木，株高约1m。枝条稍下垂，带紫红色。叶对生或轮生，卵状披针形，叶缘具疏齿牙，有缘毛，叶面鲜绿色，具紫红色条纹。花单生叶腋，花梗细长下垂，长约5cm，红色，被毛，萼筒绯红色，较短，约为萼裂片长度的1/3；花瓣也比萼裂片短，呈倒卵形稍反卷，莲青色。

生态习性：原产于南美。性喜凉爽、湿润环境，不耐炎热高温。喜冬季阳光充足、夏季凉爽半阴的环境。要求肥沃的沙质壤土。

园林应用：倒挂金钟花形奇特，花朵秀丽，色彩艳丽，宜作室内盆栽观赏。

常见室内花卉识别及应用

一品红（*Euphorbia pulcherrima*）

别名： 圣诞花、猩猩木、象牙红、老来娇
科属： 大戟科大戟属

识别要点： 常绿灌木，株高30～45cm，具白色汁液。茎光滑，淡黄绿色。单叶互生，卵状椭圆形至披针形，全缘或具波状齿，有时具浅裂。顶生杯状花序，具12～15枚披针形苞片，开花时红色；花小，鹅黄色，着生于总苞内。花期恰逢圣诞节前后，所以又称"圣诞花"。

生态习性： 原产于中美洲，中国南北均有栽培。喜温暖、湿润气候及阳光充足，光照不足可造成徒长、落叶。忌干旱，怕积水，要求肥沃、湿润而排水良好的微酸性土壤。

园林应用： 一品红株形端正，叶色浓绿，花色艳丽，开花时覆盖全株，是西方圣诞节的传统盆花。在中国大部分地区作盆花观赏或布置花坛，是"十一"常用花坛花卉。也可用作切花。

杜鹃花（*Rhododendron simsii*）

别名： 映山红、满山红、照山红、野山红、山踯躅
科属： 杜鹃花科杜鹃花属

识别要点： 落叶灌木。枝多而纤细。单叶互生，春季叶纸质，夏季叶革质，卵形或椭圆形，先端钝尖，基部楔形，全缘；叶面暗绿，疏生白色糙毛，叶背淡绿，密被棕色糙毛；叶柄短。花两性，2～6朵簇生于枝顶，花冠漏斗状，玫瑰红、鲜红或深红色；萼片小，有毛。花期4～5月。

生态习性： 原产于中国。性喜凉爽气候，忌高温炎热，喜半阴，忌烈日暴晒，在烈日下嫩叶易灼伤枯死。喜湿润气候，忌干燥多风；要求富含腐殖质、疏松、湿润及pH5.5～6.5的酸性土。

园林应用： 杜鹃花在园林中宜丛植于林下、溪旁、池畔等地；也可用于布置庭院或与园林建筑相配置；也是布置会场、厅堂的理想盆花。

山茶（*Camellia japonica*）

别名：茶花、耐冬
科属：山茶科山茶属

识别要点：常绿灌木或小乔木。枝条黄褐色，小枝绿色或绿紫色至紫褐色。叶片革质，互生，卵形至倒卵形，边缘有锯齿；正面为深绿色，多数有光泽，背面较淡；叶柄粗短。花两性，常单生或2～3朵着生于枝梢顶端或叶腋间；花单瓣或重瓣，花色有红、白、粉、玫瑰红及杂有斑纹等不同花色。花期2～4月。

生态习性：原产于中国东部、西南部，为温带树种，现全国各地广泛栽培。山茶性喜温暖、湿润的环境，忌烈日，喜半阴。喜空气湿度大，忌干燥。喜深厚肥沃、微酸性的沙壤土。

园林应用：山茶广泛应用于公园、庭院、街头、广场、绿地。又可盆栽，美化居室、客厅、阳台。

三角梅(*Bougainvillea glabra*)

别名: 九重葛、三叶梅、毛宝巾、三角花、叶子花、叶子梅、纸花、南美紫茉莉

科属: 紫茉莉科叶子花属

识别要点: 常绿攀缘性灌木。枝叶密生茸毛,拱形下垂,刺腋生。单叶互生,卵形或卵圆形,全缘。花生于新梢顶端,常3朵簇生于3枚较大的苞片内;苞片椭圆形,形状似叶,有红、淡紫、橙黄等色,为主要观赏部分。花期很长,11月~翌年6月初。

生态习性: 原产于巴西以及南美洲热带、亚热带地区,中国各地均有栽培。喜温暖、湿润,不耐寒。对土壤要求不严,以富含腐殖质、肥沃的沙质土壤为佳,耐干旱,忌积水。萌芽力强,耐修剪。

园林应用: 三角梅在中国南方可置于庭院,是理想的垂直绿化材料。在长江流域以北是重要的盆花,作室内大、中型盆栽观花植物。

含笑（*Michelia figo*）

别名： 含笑梅、笑梅、香蕉花
科属： 木兰科含笑属

识别要点： 常绿灌木或小乔木，高2～5m。嫩枝密生褐色绒毛。叶互生，椭圆形或倒卵状椭圆形，革质。花单生于叶腋，花小，直立，乳黄色，花开而不全放，故名"含笑"；花瓣肉质，香气浓郁，有香蕉型香气。花期4～6月。

生态习性： 原产于亚热带。喜温暖、湿润气候，不耐寒，长江以南地区能露地越冬；喜半阴环境，不耐干旱和烈日暴晒；喜肥，怕水涝；适生于肥沃、疏松、排水良好的酸性壤土上。

园林应用： 含笑宜栽植于庭院、建筑物周围和树丛林缘。既可对植，也可丛植、片植。是很好的香化、绿化、美化树种。也是优良的盆花。

桂花（*Osmanthus fragrans*）

别名：岩桂、木樨、丹桂、金桂、九里香
科属：木樨科木樨属

识别要点：常绿灌木或小乔木，高1.2～15m。树冠圆头形、半圆形、椭圆形。树皮粗糙，灰褐色或灰白。单叶对生，革质。近轴面暗亮绿色，椭圆形或长椭圆形，全缘或上半部疏生细锯齿，花序簇生于叶腋，花色因品种而不同。花期9～10月。

生态习性：原产于中国喜马拉雅山东段，印度、尼泊尔、柬埔寨也有分布。性喜温暖、湿润环境。宜在土层深厚、排水良好、肥沃、富含腐殖质的偏酸性沙质土壤中生长。不耐干旱瘠薄。

园林应用：桂花常用作园景树，可孤植、对植，也可成丛成林栽种。北方亦可室内盆栽。

万年青（*Rohdea japonica*）

别名： 冬不凋草、铁扁担、九节莲、乌木毒
科属： 百合科万年青属

识别要点： 多年生常绿草本。根状茎粗壮、肉质。叶基生，带状或倒披针形，质厚，有光泽，全缘。花葶自叶丛中抽出，穗状花序顶生，花被球状钟形，花小，白绿色，密集着生。花期6～7月。
生态习性： 原产于中国，日本也有分布，作专类花卉栽培。性喜温暖、湿润及半阴环境，稍耐寒，忌强光直晒，忌积水。
园林应用： 万年青四季青翠，鲜红果秋冬经久不凋，且耐阴性极强，为优良室内盆栽观叶、观果花卉，也可作切叶。在中国南方园林中宜作林下、湿地、路边地被植物。

广东万年青类（*Aglaonema* spp.）

科属： 天南星科亮丝草属

识别要点： 宿根花卉，株高60～150cm。茎直立，不分枝，节间明显。叶互生，亮绿色，卵圆形至卵状披针形，叶柄长，中部以下鞘状抱茎。总花梗长7～10cm；佛焰苞长5～7cm，绿色；肉穗花序腋生。浆果成熟后黄色或红色。花期夏秋，由于雄蕊花丝明显，故名亮丝草。

生态习性： 原产于中国南部，马来西亚、菲律宾等地也有分布。性喜温暖、阴湿环境，不耐寒。极耐阴，忌强光直射，冬季可正常光照。以疏松、肥沃、排水良好的微酸性土壤为宜。极耐室内环境，可长期摆放。

园林应用： 中型盆栽，是常见的观叶植物。也可用作插花切叶。广东万年青极耐阴，特别适宜在室内阴暗场所摆放，如走廊、楼梯等处。中国华南地区可作露地栽培，为良好的地被、护坡植物。

常见室内花卉识别及应用

银王亮丝草

银后亮丝草

常见同属栽培种：

（1）广东万年青（*A. modestum*）　别名亮丝草、粗肋草、大叶万年青、竹节万年青。宿根花卉，株高50～70cm。茎直立，不分枝，节间明显。叶互生，亮绿色，卵圆形至卵状披针形，叶柄长，中部以下鞘状抱茎。总花梗长7～10cm；佛焰苞长5～7cm，绿色；肉穗花序腋生。花期夏秋。由于雄蕊花丝明亮，故名亮丝草。

（2）银王亮丝草（*A. glaonema* × 'Silver King'）　别名'银皇帝'广东万年青。株高40～50cm。茎极短，叶披针形，暗绿色，中央具银灰色斑块。叶柄上部圆柱形，基部状抱茎。本品种极耐阴，可常年在室内布置，尤其室内光线较弱的环境适宜摆放。冬季最低温度不低于8℃。

（3）银后亮丝草（*A.* 'Silver King'）　别名银后万年青、银

后粗肋草。株高45～60cm。茎极短,基部易分蘖。叶披针形,狭窄,暗绿色,有灰绿色斑纹,叶柄上部圆柱形,基部鞘状抱茎。本品种极耐阴,可终年在室内布置,尤其室内光线较弱的环境适宜摆放。

(4)白柄亮丝草(A. commutatum 'Pseudo Bracteatum') 别名'金皇后'广东万年青。本品种是细叶亮丝草(A. commutatum)的突变品种。株高45～65cm。叶披针形,叶底绿色,有光泽,沿主、侧脉两侧具有羽状黄色或淡黄色斑纹。茎和叶柄具黄白绿色的斑纹。是本属植物中叶色最漂亮、观赏价值最高的品种。

常见室内花卉识别及应用

肖竹芋类（*Calathea* spp.）

科属： 竹芋科肖竹芋属

识别要点： 主要以观叶为主，为宿根花卉，地下有根茎。根出叶丛生，叶鞘包茎，叶形变化大，有披针形、椭圆形和卵形，全缘或波状缘，叶面均有不同的斑块镶嵌。

生态习性： 原产于南美洲热带雨林，现世界各地均有栽培。对环境要求严格，喜温暖、湿润的半阴环境，不宜阳光直射，不耐寒，以疏松、肥沃、排水良好的微酸性腐叶土为好。喜较高的空气湿度，一般要达到60%～80%。

园林应用： 肖竹芋类植物株态秀雅，叶色绚丽多彩，斑纹奇异，有如精工雕刻，别具一格，是优良的室内观叶植物，也是珍贵的插花衬叶。

常见同属栽培种：

（1）绒叶肖竹芋（*C. zebine*） 别名天鹅绒竹芋、斑叶竹芋。

绒叶肖竹芋

孔雀肖竹芋

园林花卉识别彩色图册

箭羽肖竹芋

圆叶肖竹芋

株高30~80cm。叶长椭圆形,叶面淡黄色至灰绿色,中脉两侧有长方形黑绿色斑马条纹,并具有天鹅绒般光泽和手感,叶背面浅灰绿色,老时呈淡紫红色。

(2)孔雀肖竹芋(*C. makoyana*) 别名五色葛郁金、孔雀竹芋、斑马竹芋、蓝花蕉。株高50~60cm。叶长可达20cm。叶面橄榄绿色,在主脉两侧和深绿色叶缘间有大小相对、交互排列的浓绿色长圆形斑块及条纹,叶背紫色并带有同样斑纹,形似孔雀尾羽;叶柄深红色、较硬。

(3)圆叶肖竹芋(*C. rotundifolia*) 别名苹果竹芋、青苹果竹芋。株高40~60cm。具根状茎。叶柄绿色,直接从根状茎上长出;叶片硕大、薄革质、卵圆形,新叶翠绿色,老叶青绿色,沿侧脉有排列整齐的银灰色宽条纹,叶缘有波状起伏。

（4）箭羽肖竹芋（*C. lancifolia*）　别名披针叶竹芋、紫背肖竹芋、红背葛郁金。株高30～100cm。叶丛生，有柄，狭披针形，长10～50cm，叶面淡黄绿色，与侧脉平行分布着大小交替的深绿色斑纹，叶背暗紫红色，叶缘稍波状。

此外，本属还有彩虹肖竹芋、披针叶肖竹芋。

披针叶肖竹芋

彩虹肖竹芋

披针叶肖竹芋

彩虹肖竹芋

黛粉叶类（*Dieffenbachia* spp.）

科属： 天南星科黛粉叶属

识别要点： 亚灌木状宿根花卉，株高50～100cm。茎干圆粗而直立，多肉质。叶着生茎顶端，长卵圆形或卵形，叶色暗绿，具白、淡黄等色彩不一的不规则斑点、斑块或大理石状斑纹。花序由叶柄鞘内抽出，短于叶柄，佛焰苞长椭圆形，肉穗花序直立，与佛焰苞等长。

生态习性： 原产于南美洲热带地区。性强健，喜温暖、多湿和半阴环境，亦耐干旱，不耐寒。忌强光暴晒，喜疏松、肥沃的土壤。

园林应用： 黛粉叶类植株直立挺拔，气势雄伟，叶色翠绿清新，常具有美丽的色斑，是优良的室内盆栽观叶植物。装饰于宾馆、饭店、居室等室内环境，有浓郁的现代气息。

白玉黛粉叶

大王黛粉叶

常见室内花卉识别及应用

黛粉叶

常见栽培品种及同属栽培种：

（1）白玉黛粉叶（*D. amoena* 'Camilla'）　叶卵椭圆形，中心部分乳白色，仅叶缘、叶脉呈不规则绿色。

（2）大王黛粉叶（*D. amoena*）　别名斑马万年青、大王万年青、巨万年轻、可爱花叶万年青。本属株型最大的品种，植株高达2m。茎粗壮，圆柱形，肉质，少分枝，萌蘖性强。叶片大，长椭圆形，叶面深绿色，沿侧脉有黄白色斜线状斑纹，与脉间绿色相间排列。

（3）黛粉叶（*D. maculata*）　别名花叶万年青。大型草本。单叶互生，叶片长椭圆形，纸质，叶柄鞘状抱茎；叶面密生白色斑点，绿白相映，十分耀眼。肉穗花序先端稍弯垂，花序柄短，隐藏于叶丛之中；佛焰苞长圆状披针形，与肉穗花序等长。

竹芋类（*Maranta* spp.）

科属： 竹芋科竹芋属

识别要点： 宿根花卉，株型矮小，株高15~30cm。大多数地下具有块状根。叶片圆形或卵形，具有各色花纹或斑纹，为主要观赏部位。

生态习性： 原产于热带美洲。喜温暖湿润和半阴环境。不耐寒，不耐高温，忌强光暴晒。宜疏松、肥沃的微酸性土壤。

园林应用： 竹芋类植株低矮，叶片斑纹清新雅致，可四季观赏，宜小型盆栽，或吊篮悬挂。

常见同属栽培种： 豹纹竹芋（*M. bicolor*），别名条纹竹芋、白脉竹芋、二色竹芋、花叶竹芋。茎短缩。叶片椭圆形，叶面灰绿色，沿主脉和侧脉呈白色，边缘有暗绿色斑点，叶背面青绿色或淡紫红色；叶片夜间向上聚拢闭合。花白色，有紫斑。

常见室内花卉识别及应用

喜林芋类(*Philodendron* spp.)

科属: 天南星科喜林芋属

识别要点: 宿根花卉。茎蔓性、半蔓性或直立状,茎长2~4cm,有气生根。叶有圆心形、卵状三角形、羽状裂叶、掌状裂叶等,叶有绿、褐红、金黄等色,是主要观赏部位。佛焰苞花序多腋生,不明显。

生态习性: 大多原产于中、南美洲热带地区。喜温暖、湿润和半阴的环境,忌烈日直射。较耐阴,喜高湿,不耐干旱,宜疏松、肥沃的沙质壤土。

春芋

园林花卉识别彩色图册

园林应用： 喜林芋类为大型盆栽观叶植物，植株雄伟，叶色优美，姿态新奇，极富南国风韵，是优良的室内观叶植物。适于布置宾馆饭店、写字楼的门厅、走廊拐角、电梯门前等处。

常见同属栽培种：

（1）春芋（*P. selloum*） 春羽、裂叶喜林芋、羽裂喜林芋。茎木质化，节间短。叶片排列整齐，水平伸展，呈丛状；叶片宽心脏形，深裂；叶色浓绿，有光泽；叶柄坚挺而细长。

（2）蓝宝石喜林芋（*P. erubescens* 'Green Emerald'） 别名绿宝石喜林芋、大叶蔓绿绒。常绿攀缘藤本。茎节处长出电线状的气生根。叶片戟形，较厚，暗绿色，革质，没紫色光泽。茎、

蓝宝石喜林芋

绿地王喜林芋

叶、叶柄、嫩梢及叶鞘均为绿色。

(3)绿地王喜林芋(*P. emerald* 'Queen') 别名绿地王。茎节间短,叶巨大,呈莲座状丛生于茎顶端,叶片黄绿至绿色,有光泽,宽披针形,基部心形。

(4)琴叶喜林芋(*P. panduraeforme*) 别名琴叶蔓绿绒、琴叶树藤。常绿攀缘藤本。茎木质,蔓生,茎节处具气生根。叶互生,叶掌状5裂,形似提琴,革质,基裂外张,耳垂状,中裂片狭,端钝圆;暗绿色,有光泽;绿色嫩芽直立而尖。

此外,本属还有红帝王喜林芋。

琴叶喜林芋

红帝王喜林芋

彩叶芋类（*Caladium* spp.）

别名：花叶芋、二色芋
科属：天南星科花叶芋属

识别要点：多年生草本。地下具膨大的扁圆形块茎，黄色。叶基生，盾状，纸质，大小差异很大，有细长的叶柄；叶面图案美丽而多彩，叶色变化多端，具有明显的主脉及明显的对比色，主要由红色、白色及绿色色系组合变化成不同的斑纹或斑点。

生态习性：原产于秘鲁、巴西及亚马孙盆地。性喜高温、高湿及半阴环境。不耐寒，喜光，喜疏松、肥沃、排水良好的微酸性土壤。

常见栽培品种：本属常见栽培品种有红脉彩叶芋(*C. hortulanum* 'Jessiethayer')、白雪彩叶芋(*C. hortulanum* 'Candidum')。

园林应用：彩叶芋类植物色彩斑斓，顶生在细长叶柄上，飘逸潇洒，是室内优良观叶花卉，可置案头，极雅致。

常见室内花卉识别及应用

朱蕉（*Cordyline terminalis*）

别名：铁树、红竹、红叶铁树、千年木
科属：百合科朱蕉属

识别要点：常绿亚灌木，株高可达3m。茎单干，很少分枝。叶披针状椭圆形至矩圆形，绿色，叶斜上伸展，聚生于茎中上部，呈两列状旋转排列，叶面有绿、紫红、粉红等各种彩纹，为主要观赏部位。圆锥花序，有黄、白、紫或红色。

生态习性：原产于大洋洲北部和中国热带地区。喜温暖、湿润和阳光充足环境。不耐寒，怕涝，忌烈日暴晒。喜肥沃、疏松及排水良好的沙质壤土，不耐盐碱及酸性土。

园林应用：朱蕉可作小、中、大型盆栽。

七彩朱蕉　　红边朱蕉

豆瓣绿类（*Peperomia* spp.）

科属： 胡椒科豆瓣绿属

识别要点： 宿根花卉，株高20~40cm，全株光滑。茎直立、蔓生或丛生。不同种类叶形各异，叶全缘，多肉，叶片有斑纹或透明点。花小，两性，密集着生于细长的穗状花序上。

生态习性： 原产于美洲热带和亚热带地区。喜温暖、湿润环境，不耐旱，怕高温，喜散射光，忌强光直射，要求疏松、肥沃、腐殖质丰富的沙质土壤。

园林应用： 豆瓣绿类株型小巧玲珑或直立健壮，叶片肉质肥厚，青翠亮泽。丛生型作室内小型盆栽观叶植物，可点缀案头、茶几、窗台。蔓生型的可攀缘绕柱，或垂吊观赏。

常见同属栽培种：

（1）乳纹椒草（*P. magnoliflia* 'Varriegata'） 别名花叶豆瓣绿、斑叶垂椒草、花叶椒草。直立型草本。茎褐绿色，短缩。叶片宽

乳纹椒草

西瓜皮椒草

卵形，叶较宽，绿色，具黄白色斑纹。可做小型盆栽或吊挂摆放。

（2）西瓜皮椒草（*P. argyreia*） 别名西瓜皮、银白斑椒草。丛生型低矮植株。茎极短。叶近基生，心形；叶脉浓绿色，脉间为白色，半月形，似西瓜皮；叶片厚而光滑，叶背为紫红色，叶柄红褐色。多作小型盆栽。

（3）皱叶椒草（*P. caperata*） 别名皱叶豆瓣绿。丛生型。植株低矮，茎极短。叶片心形，多皱褶，似波浪起伏，暗褐绿色，具天鹅绒般的光泽；叶柄狭长，红褐色。穗状花序白色，长短不一。一般夏季开花。多作小型盆栽。

此外，本属还有豆瓣绿、红缘豆瓣绿。

皱叶椒草

豆瓣绿

红缘豆瓣绿

龟背竹（*Monstera deliciosa*）

别名： 蓬莱蕉、电线兰、穿孔喜林芋
科属： 天南星科龟背竹属

识别要点： 多年生常绿藤本植物。茎粗壮，伸长后呈蔓状，茎长可达10m以上。幼叶心形，无孔，成熟叶广卵形，羽状深裂，叶脉间有椭圆形的穿孔，极像龟背；叶具长柄，深绿色；叶长可达60～80cm。佛焰花序顶生，舟形，白色；花淡黄色。花期8～9月。

生态习性： 原产于墨西哥，常附生于热带雨林的大树上。喜温暖、湿润和半阴环境，忌强光暴晒和干燥，不耐旱。要求疏松、肥沃、吸水量大、保水性好的微酸性壤土。

园林应用： 龟背竹叶形奇特而高雅，是极好的室内观叶植物，适宜布置厅堂、会场、展览大厅等大型场所。

常见室内花卉识别及应用

金钱树（*Zamioculcas zamiifolia*）

别名： 金币树、雪铁芋、金松、泽米叶天南星、龙凤木
科属： 天南星科雪芋属

识别要点： 常绿宿根花卉，株高50～80cm。茎基部膨大呈球状，贮藏大量水分。大型复叶，小叶肉质呈羽状螺旋着生于肉质茎上，呈椭圆形，具短小叶柄，墨绿色，有光泽。花为佛焰状花序，从基部抽生。

生态习性： 原产于热带非洲。性喜暖热略干、半阴及年均温度变化小，较耐旱，但畏寒冷，忌强光暴晒，怕土壤黏重和盆土积水，土壤宜疏松、肥沃、排水良好、富含有机质。

园林应用： 金钱树是颇为流行的室内大型盆栽植物，尤其在较宽阔的客厅、书房、起居室内摆放，格调高雅、质朴，并带有南国情调，是世界著名的新一代室内观叶植物。

富贵竹（*Dracaena sanderiana*）

别名： 白边龙血树、仙达龙血树、丝带树、叶仙龙血树
科属： 百合科龙血树属

识别要点： 常绿直立灌木、亚灌木，株高4m左右，植株细长。根状茎横走。叶互生或近对生，长披针形，浓绿色，常具黄白条纹。伞状花序生于叶腋或与上部叶对生，小花3~10朵。

生态习性： 原产于非洲。性喜荫蔽及温暖、湿润的环境。忌烈日暴晒，喜散射光，喜疏松透气、肥沃的土壤。

园林应用： 富贵竹茎秆挺拔，叶色浓绿，四季常青，是优良的室内观叶植物。可作中、小型盆栽或水养。

常见室内花卉识别及应用

网纹草类（*Fittonia* spp.）

科属： 爵床科网纹草属

识别要点： 宿根花卉，植株低矮。茎匍匐状。叶片卵形、椭圆形，十字对生；叶脉网状，多为红色或银白色，因品种不同，色泽多变。穗状花序顶生，小花黄色。

生态习性： 原产于秘鲁和南美洲热带雨林。喜高温、多湿和半阴环境。怕寒冷，忌干燥，怕强光，要求疏松、肥沃、通气良好的沙质壤土。

园林应用： 网纹草类植物叶片花纹美丽独特，娇小别致，惹人喜爱，适宜小型盆栽，点缀书桌、茶几、窗台、案头等，美观别致。也可作吊盆悬挂观赏或用作组合栽培。

白花紫露草（*Tradescantia fluminensis*）

白花水竹草

白花紫鸭跖草

淡竹叶

别名： 白花水竹草、淡竹叶、白花紫鸭跖草
科属： 鸭跖草科紫露草属

识别要点： 宿根花卉，株高10~20cm。匍匐茎，细弱，节处膨大，茎贴地上易生根。叶抱茎，互生，矩圆形；叶表面绿色，叶背深紫堇色，具有白色条纹。伞形花序，花小，白色，花期长。

生态习性： 原产于巴西中部、巴拉圭和乌拉圭。性喜温暖、湿润气候，畏烈日，宜生于有明亮的散射光处，对土壤要求不高。

园林应用： 白花紫露草植株叶色美观，质感轻盈，生长繁茂，宜盆栽观赏。是书橱、几架的良好装饰植物，夏季又可作吊挂廊下的观叶植物。

绿巨人（*Spathiphyllum floribundum*）

别名：苞叶芋、白鹤芋、白掌、一帆风顺
科属：天南星科苞叶芋属

识别要点：宿根花卉。根茎短。叶革质，长椭圆形，叶面深绿色，有光泽，叶脉明显，主脉和支脉的夹角约45°，叶柄下部鞘状。佛焰苞长圆状披针形，白色，稍向内翻卷。花期春季。

生态习性：原产于哥伦比亚。喜高温、高湿的环境。夏季需放于适当遮阴处，避免直射阳光，要求富含腐殖质的壤土。

园林应用：绿巨人株形丰满，叶色青翠，白色佛焰苞大而显著，高挺于叶面之上，如同高举的手掌，故称"白掌"，是观叶、观花俱佳的优良室内观赏植物。

旱伞草（*Cyperus alternifolius*）

别名： 伞莎草、伞草、纸莎草、水棕竹、风车草、水竹草
科属： 莎草科莎草属

识别要点： 多年生常绿宿根植物。具匍匐根状茎，茎单一，丛生，茎秆中下部呈三棱形，无分枝。叶丛生于茎基部，有时退化成鞘形。花序顶生，着生叶状总苞约20片，苞片线状，呈螺旋状排列，向四周展开如伞；聚伞花序松散，辐射枝发达。花期5～7月。

生态习性： 原产于南欧及非洲热带、埃及及巴基斯坦，中国各地有栽培。性喜温暖、阴湿及通风良好的环境。耐阴性极强，不耐寒及干旱。

园林应用： 旱伞草是室内良好的观叶植物。

常见室内花卉识别及应用

菱叶葡萄（*Cissus rhombifolia*）

别名： 白粉藤、葡萄吊兰、菱叶白粉藤

科属： 葡萄科白粉藤属

识别要点： 常绿木质藤本。枝条柔软下垂或爬藤，小枝圆柱形，有纵棱纹，密被褐色长柔毛。卷须二叉分枝。掌状复叶，小叶3枚，叶片菱状卵形或菱状长椭圆形，形似葡萄叶，不分裂，有短柄，叶片嫩绿色或深绿色，有光泽。花期4～5月。

生态习性： 原产于美洲热带，世界各地广泛栽培。喜温暖、湿润、半阴环境。

园林应用： 菱叶葡萄枝条蔓生，茎节细长，具自然美感，是优良的中、小型盆栽观叶植物，宜作垂吊性盆花美化居室或客厅等。

吊兰（*Hlorophytum comosum*）

别名： 挂兰、盆草、钩兰、折鹤兰
科属： 百合科吊兰属

识别要点： 宿根花卉，株高10～20cm。具有簇生肥大的圆柱状肉质根。叶基生，呈宽线形、条形或长披针形，嫩绿色，着生于短茎，全缘或稍波状。总状花序长弯曲下垂，小花白色。常在花茎上生出数丛由株芽形成的带根的小植株。

生态习性： 原产于南非。性喜温暖、湿润、半阴的环境。适应性强，较耐旱，但不耐寒；对光线的要求不严；在排水良好、疏松、肥沃的沙质土壤中生长较好。

园林应用： 吊兰株态秀雅，叶色浓绿，走茎拱垂，是典型的室内悬挂植物之一，是良好的室内净化空气的盆栽花卉。

常见室内花卉识别及应用

绿萝（*Scindapsus aureus*）

别名： 黄金葛、魔鬼藤、石柑子
科属： 天南星科绿萝属

识别要点： 常绿草质藤本。茎蔓生，盆栽多为小型幼株；茎节有沟槽，有气生根，易萌生侧枝。叶椭圆形或长卵心形，叶基浅心形，老株叶片边缘具不规则深裂，幼叶全缘，鲜绿色，表面有淡黄色斑块，蜡质，有光泽。

生态习性： 原产于马来西亚、印度、新几内亚。喜温暖、湿润、庇荫的环境。稍耐寒。忌强光直射，亦不可光线过弱，否则叶面色斑消失。要求疏松、肥沃、排水良好的沙质壤土。

园林应用： 绿萝绿叶光泽闪耀，叶质厚而翘展，有动感，宜作小型吊盆、中型柱式栽培或室内垂直绿化。

吊竹梅（*Zebrina pendula*）

别名： 斑叶鸭跖草、水竹草、吊竹兰
科属： 鸭跖草科吊竹梅属

识别要点： 宿根花卉。茎细弱柔软，具细毛，茎节膨大，多分枝，匍匐或下垂。叶互生，基部鞘状抱茎，无叶柄，卵圆形或长椭圆形，全缘，叶面绿色，具2条宽阔银白色纵条纹，叶背紫色。花生于2片紫红色叶状苞内，花小，簇生，花色紫、玫瑰红或粉色。花期夏季。

生态习性： 原产于墨西哥。性喜温暖、湿润，较耐阴，不耐寒，喜光，忌强光暴晒，较耐瘠薄，不耐旱。

园林应用： 吊竹梅一般可作小型盆栽和吊盆栽植，也是良好的地被植物和花架垂吊观赏花卉。

常见室内花卉识别及应用

常春藤（*Hedera helix*）

别名： 洋常春藤、欧洲常春藤、英国常春藤
科属： 五加科常春藤属

识别要点： 常绿攀缘木质藤本。枝蔓细弱柔软，具气生根。叶互生，革质，深绿色，有长柄，营养枝上的叶常3～5裂，心形，全缘或浅裂；花枝上的叶不裂，卵形至菱形；叶色有黄、白边或叶中部为黄、白色的彩叶，叶形变化丰富。

生态习性： 原产于英国，现分布世界各地。喜温暖、湿润的半阴环境，不耐寒，是典型的阴性藤本花卉；对土壤要求不严，喜湿润、疏松、肥沃的土壤，不耐盐碱及干燥。

园林应用： 洋常春藤叶形、叶色极富变化，叶片亮丽有光泽，四季常青，适于室内垂直绿化，营建绿墙、绿柱或小型吊盆，布置窗台、阳台等。可用以攀缘假山、岩石，或在建筑阴面作垂直绿化材料。

虎耳草（*Saxifraga stolonifera*）

别名： 金丝吊芙蓉、金丝荷叶、疼耳草
科属： 虎耳草科虎耳草属

识别要点： 宿根花卉，全株被疏毛。具丝状红紫色匍匐茎，且顶端生有一至数个小植株。叶基生或生于茎顶部，肉质，心状圆形，叶面绿色，具有白色网状脉纹，背面及叶柄紫红色。圆锥花序，花梗细长，直立，小花白色，具黄斑或紫斑。花期4～5月。

生态习性： 原产于亚洲东部。性喜凉爽、半阴和空气湿度高的环境，忌强光直射，较耐寒，喜富含腐殖质的中性至微酸性的土壤。

园林应用： 虎耳草在室内可盆吊观赏。暖地宜岩石园、墙垣及野趣园中种植。也可作地被植物，种植在绿地中的大乔木下。

文竹（*Asparagus setaceus*）

别名： 云片竹、芦笋山草、山草
科属： 百合科天门冬属

识别要点： 多年生攀缘草木。茎、叶退化成鳞片状，淡褐色，着生于叶状枝的基部；叶状枝纤细、绿色，平展呈羽毛状。叶小，鳞片状，下部有三角形倒刺，主茎上鳞片叶多呈刺状。花小，两性，白色。花期多在2～3月。

生态习性： 原产于非洲南部，性喜温暖、湿润，略耐阴，不耐干旱，忌霜冻，喜疏松、肥沃的沙质土壤。

园林应用： 文竹枝叶清秀，多以盆栽观叶为主，也是良好的插花、花束、花篮的陪衬材料。

天门冬（*Asparagus densiflorus* var. *spengeri*）

别名：武竹、郁金山草、天冬草
科属：百合科天门冬属

识别要点：常绿宿根草本或亚灌木。具块根。茎丛生下垂，多分枝；叶状枝2～3个簇生，线形。叶鳞片状，褐色。

生态习性：原产于非洲南部。性喜温暖、湿润、半阴，耐干旱和贫瘠，不耐寒，忌烈日。

园林应用：天门冬以盆栽观叶为主，适用于厅堂、会场，也可作插花的配衬材料。

肾蕨（*Neottopteris cordifolia*）

别名：蜈蚣草、圆羊齿、石黄皮
科属：肾蕨科肾蕨属

识别要点：宿根花卉，株高30～40cm。根状茎有直立的主轴及从主轴向四面伸出的细长匍匐茎，并从匍匐茎的短枝上伸出球形块茎。叶簇生，披针形，一回羽状复叶，羽片无柄；具羽片40～80对。

生态习性：原产于热带与亚热带地区，分布于中国南方诸地。性喜温暖、湿润和半阴环境。喜明亮的散射光，但也能耐较低的光照，切忌阳光直射。不耐干旱，喜湿润土壤和较高的空气湿度，喜疏松透气的中性或微酸性土壤。

园林应用：肾蕨叶色浓绿，青翠宜人，姿态婆娑，株形潇洒，盆栽可点缀书桌、茶几、窗台和阳台；吊盆可悬挂于客室和书房。

鸟巢蕨（*Neottopteris nidus*）

别名：巢蕨、山苏花、王冠蕨
科属：铁脚蕨科巢蕨属

识别要点：宿根花卉，株高1～1.2cm。株型呈漏斗状或鸟巢状。根状茎短，并生有海绵状须根。叶阔披针形，辐射状丛生于根状茎顶部，革质，两面光滑，锐尖或渐尖，向基部渐狭，全缘。
生态习性：原产于热带亚热带地区。喜温暖、潮湿和较强散射光的半阴条件。不耐寒，空气湿度以70%～80%较适宜。
园林应用：鸟巢蕨株形丰满，叶片挺拔，色泽鲜亮，观赏价值高，为大型阴生观叶蕨类，常作大型悬吊或壁挂盆栽。

铁线蕨（*Adiantum capillus-veneris*）

别名：铁丝草、铁线草、黑脚蕨、黑骨芒萁
科属：铁线蕨科铁线蕨属

识别要点：宿根草本。根状茎横走。叶互生，卵状三角形，2～4回羽裂，裂片斜扇状，薄纸质，深绿色；叶柄紫黑色，细而坚硬，犹如铁丝，有光泽，基部被与根状茎上同样的鳞片，向上光滑；叶脉多回二歧分叉，直达边缘，两面均明显；叶轴、各回羽轴和小羽柄均与叶柄同色，往往略向左右曲折。

生态习性：原产于热带及温带。性喜温暖、湿润和半阴环境，耐寒，忌阳光直射。喜疏松、透水、肥沃的石灰质沙壤土。

园林应用：铁线蕨是优良的室内盆栽观叶植物，叶片还是良好的切叶材料及干花材料。

波斯顿蕨（*Nephrolepis exaltata* 'Bostoniensis'）

别名： 高肾蕨、皱叶肾蕨
科属： 骨碎补科肾蕨属

识别要点： 多年生常绿蕨类植物。根茎直立，有匍匐茎。叶丛生，具细长复叶，叶片展开后下垂，叶片为2回羽状深裂，小羽片基部有耳状偏斜。

生态习性： 原产于热带及亚热带。性喜温暖、湿润及半阴环境，又喜通风，忌酷热，忌强光直射。

园林应用： 波斯顿蕨为下垂状的蕨类观叶植物，适于作室内吊挂观赏、盆栽及垂直绿化。

常见室内花卉识别及应用

散尾葵 (*Chrysalidocarpus lutescens*)

别名：黄椰子、子葵
科属：棕榈科散尾葵属

识别要点：丛生常绿小乔木或矮灌木，在热带地区可高达3～8m。茎干光滑无尾刺，圆柱形，竹节状，基部略膨大。叶平滑细长，羽状小叶及叶柄稍弯曲，黄绿色；叶片羽状全裂，拱形，嫩绿色；羽片披针形，先端柔软；叶柄细长，茎干金黄色。

生态习性：原产于非洲马达加斯加。喜温暖、潮湿，不耐寒，喜阳光充足，忌夏季阳光直射，也较耐阴。

园林应用：散尾葵株形高大丰满，潇洒婆娑，干茎美丽挺拔，叶丛柔美洒脱，极富南国风光和大自然的气息，是优良的观叶树种。在中国北方地区常作大型盆栽或桶栽观赏，可布置客厅、书房、会议室、室内花园等。

袖珍椰子（*Chamaedorea elegans*）

别名：矮棕、茶马椰子、矮生椰

科属：棕榈科袖珍椰子属

识别要点：常绿小乔木或矮灌木，株高1～3m，盆栽1m以下。茎干细长直立，不分枝，叶片由茎顶部生出，羽状复叶，全裂。肉穗状花序腋生，雌雄异株，花黄色，呈小球状，春季开花。

生态习性：原产于墨西哥和危地马拉。喜高温、多湿的半阴环境，不耐寒，不耐干旱，畏阳光直射。要求排水良好、湿润、肥沃的土壤。

园林应用：袖珍椰子株形小巧玲珑，叶片青翠亮丽，耐阴性强，是优良的室内中小型盆栽观叶植物。

米兰（*Aglaia odorata*）

别名： 珠兰、米仔兰、树兰、鱼籽兰
科属： 楝科米仔兰属

识别要点： 常绿灌木或小乔木，高4～7m。多分枝，幼枝顶部具星状锈色鳞片，后脱落。奇数羽状复叶，互生，小叶3～5枚，对生，倒卵形至长椭圆形，两面无毛，革质，全缘，有光泽。圆锥花序腋生，花小而繁密，金黄色，极香，形似小米而得名。花期6～10月或四季开花。

生态习性： 原产于中国南部和亚洲东南部。性喜阳光充足、温暖、湿润环境。耐半阴，怕干旱，不耐寒，忌阳光暴晒。喜疏松、富含腐殖质的微酸性土壤或沙质壤土。

园林应用： 米兰盆栽可用于布置客厅、书房、门廊及阳台等，在南方地区可庭院栽植。

榕类（*Ficus* spp.）

科属： 桑科榕属

识别要点： 常绿乔木或灌木，有乳汁。叶片互生，多全缘；托叶合生，包被于顶芽外，脱落后留一环形痕迹。花多雌雄同株，生于球形、中空的花托内。

生态习性： 原产于热带和亚热带地区。喜高温、多湿和散射光充足的环境。越冬温度在5℃以上。要求疏松、肥沃、排水良好的沙质壤土。

园林应用： 榕类植物因种不同而风格各异，或粗犷厚重或高雅潇洒，是室内常用的观叶植物。

印度橡皮树

常见品种与同属栽培种：

（1）印度橡皮树（*F. elastica*）别名橡皮树、印度榕树、橡胶榕。树皮光滑，树冠卵形。叶互生，宽大具长柄，厚革质，椭圆形或长椭圆形，全缘，表面绿色；幼叶初生时内卷，外包被红色托叶，叶片展开即脱落。

（2）垂榕（*F. benjamina*）别名垂叶榕、细叶榕、小叶榕、垂枝榕。自然分枝

常见室内花卉识别及应用

'黑金刚'

琴叶榕

'花叶垂枝'榕

多,小枝柔软如柳,下垂。叶片茂密丛生,革质,亮绿色,卵圆形至椭圆形,有长尾尖。常见栽培的品种有'花叶垂枝'榕('Gold Princess'),常绿灌木,枝条稀疏,叶缘及叶脉具浅黄色斑纹。

(3)琴叶榕(*F. lyrata*) 别名琴叶橡皮树。常绿乔木。自然分枝少。叶片宽大,呈提琴状,厚革质,叶脉粗大凹陷,叶缘波浪状起伏,深绿色有光泽。

此外,本属还有品种'黑金刚'。

马拉巴栗（*Pachira aquatica*）

别名： 发财树、美国花生、瓜栗
科属： 木棉科马拉巴栗属

识别要点： 常绿小乔木，原产地可高达5～10m，盆栽可矮化株型。树干直立，呈纺锤形。掌状复叶互生，小叶5～11枚，小叶茎无柄，叶片长圆形至倒卵圆形，全缘，叶前端尖。

生态习性： 原产于中美洲的墨西哥、哥斯达黎加等。性喜高温和半阴环境，具有抗逆、耐旱特性，耐阴性强，对土壤要求不严，以肥沃、排水良好的微酸性沙质壤土为佳。

园林应用： 马拉巴栗又名发财树，具美好寓意。可用于宾馆、酒店、商场及家庭室内绿化装饰。

鹅掌柴（*Schefflera octophylla*）

别名： 鸭脚木、小叶手树、父母树
科属： 五加科鹅掌柴属

识别要点： 常绿小乔木或灌木，可高达2~3m。分枝多，枝条紧密。掌状复叶，互生，小叶5~9枚；叶片浓绿，有光泽，长椭圆形或倒卵状椭圆形，全缘。伞形花序集成大圆锥花丛，花小，白色，芳香。花期11~12月。

生态习性： 原产于中国西南至东南部森林中，日本、越南和印度也有分布。性喜温暖、湿润、半阴的环境，不耐寒，忌夏季强光直射。耐旱，喜疏松、肥沃、排水良好的微酸性土壤。

园林应用： 鹅掌柴适于大、中型盆栽观赏。

香龙血树类（*Dracaena* spp.）

科属： 百合科龙血树属

识别要点： 常绿小乔木，高达6m。茎干直立，少分枝。根黄色或红色。叶片长剑形，无叶柄，抱茎；叶簇生枝顶或生于茎上部；绿色或有黄白色斑纹。

生态习性： 原产于热带和亚热带非洲，亚洲及亚洲与大洋洲之间的群岛。中国分布于云南、海南、台湾等地。喜阳又耐阴，忌强光直射，喜高温、多湿，不耐寒，要求疏松、富含腐殖质的土壤。

园林应用： 香龙血树类树体健壮雄伟，叶片宽大，叶色优美，质地紧实，体现现代风格，可作大、中型盆栽植物，适用于公共场所的大厅或会场布置，增添迎宾气氛。

巴西木

巴西木

常见室内花卉识别及应用

常见同属栽培种：

（1）**巴西木**（*D. fragrans*） 别名巴西铁树、幸福之树、缟千年木。常绿小乔木，高达6m。茎干直立，少分枝。干皮淡灰褐色。叶绿色，丛生茎顶，长披针形，边缘波状。伞形花序排成总状，花小，黄色，有香气。花期6~8月。

（2）**龙血树**（*D. angustifolia*） 别名狭叶龙血树、长花龙血树、不才树。常绿小灌木，高可达4m。叶无柄，密生于茎顶部，厚纸质，宽条形或倒披针形，基部扩大抱茎，近基部较狭窄，中脉背面下部明显，呈肋状。顶生大型圆锥花序，长达60cm，花白色，芳香。

龙血树

仙人掌(*Opuntia dillenii*)

别名: 仙巴掌、霸王树、火焰、火掌、玉芙蓉、牛舌头、团扇
科属: 仙人掌科仙人掌属

识别要点: 多年生肉质植物。茎表面平滑,肥厚,下部稍木质,上部肉质,扁平,具节;每节卵形至矩圆形,光亮。多数种类的叶消失或极度退化。花黄色,花径7~8cm,单生或数朵丛生于扁化茎顶部边缘。

生态习性: 原产于南美洲热带、亚洲热带大陆及附近一些岛屿,中国许多地区都有引种。喜强烈光照,耐炎热、干旱、瘠薄。

园林应用: 仙人掌盆栽室内观赏给人以生机勃勃之感,在园林造景中主要用于营造沙漠景观,也可以布置植物园,体现生物多样性,还可以盆栽用于庭院观赏。

常见仙人掌及多浆植物识别及应用

仙人球（*Echinopsis tubiflora*）

别名： 草球、长盛球

科属： 仙人掌科仙人球属

识别要点： 多年生肉质多浆草本植物。茎球形或椭圆形，绿色，高可达25cm；球体常侧生出许多小球；球体和小球体上有纵棱若干条；棱上着生刺座，刺座上密生长短不一的针刺，黄绿色，辐射状排列。花着生于刺座中，银白色或粉红色，长喇叭形。花期5～6月。

生态习性： 原产于南美洲高热、干燥、少雨的沙漠地带，现在中国各大植物园均有引种。喜干，耐旱，怕冷，喜排水良好的沙质土壤。

园林应用： 仙人球的茎、叶、花均有较高观赏价值，在植物园种植仙人球可以营造沙漠景观。在庭院或办公室也可以盆栽观赏。

仙人指（*Schlumbergera russellianus*）

别名： 仙人枝、圣烛节仙人掌、圆齿蟹爪
科属： 仙人掌科仙人指属

识别要点： 多年生附生仙人掌类。多分枝，枝丛下垂；茎节扁平、肉质、淡绿色。花为整齐花，单生枝顶，花冠整齐，有多种颜色。花期2月。

生态习性： 原产于巴西和玻利维亚，现中国许多地区引种。喜温暖、湿润气候，富含有机质及排水良好的土壤；略耐阴。

园林应用： 仙人指可盆栽观赏，常作年宵花卉。

常见仙人掌及多浆植物识别及应用

绯牡丹(*Gymnocalycium mostii*)

别名: 红灯、红牡丹、红球、瑞云球、牡丹玉
科属: 仙人掌科裸萼球属

识别要点: 多年生肉质植物。茎扁球形,有鲜红、深红、橙红、黄、粉红或紫红等色,成熟的球体群生子球。花细长,漏斗形,粉红色,着生在顶部的刺座上。花期春、夏季。

生态习性: 原产于巴拉圭的干旱亚热带地区,现中国多数地区有引种。喜温暖和阳光充足的环境,夏季高温时需稍遮阴,要求肥沃和排水良好的土壤,不耐高温不耐寒。

园林应用: 常作盆栽,或配置多浆植物专类园,也可作盆景材料。

金琥（*Echinocactus grusonii*）

别名：象牙球、金琥仙人球
科属：仙人掌科金琥属

识别要点：宿根花卉。茎圆球形，单生或成丛，直径约80cm或更大。球顶密被金黄色绵毛；有显著的棱21～37条；刺座大，密生硬刺，先金黄色，后变成褐色，有辐射刺8～10枚，中刺3～5枚，较粗，稍弯曲。花着生在球顶部绵毛丛中，钟形，黄色。花期6～10月。

生态习性：原产于墨西哥中部干燥炎热的沙漠地区。性强健，喜阳光充足、温暖的环境，喜肥沃并含石灰质的沙壤土。

园林应用：金琥形大而端圆，金刺夺目，是优良的盆栽观赏花卉。

蟹爪兰（*Zygocactus truncactus*）

别名： 圣诞仙人掌、蟹爪莲、蟹足、蝎子莲、仙指花、锦上添花
科属： 仙人掌科蟹爪兰属

识别要点： 常绿小灌木，株高30～50cm。节状茎扁平嫩绿色，肥厚，新出茎节带红色，分枝多，常悬垂簇生，节间短，茎节似螃蟹的爪子。花着生于茎节顶部刺座上，花筒淡褐色，花瓣张开反卷，花色有深红、粉红、橙、杏黄、白、双色等色。

生态习性： 原产于巴西。性喜半阴、潮湿、通风凉爽的环境，要求排水、透气良好的微酸性、肥沃的腐叶土和泥炭，不耐寒。

园林应用： 蟹爪兰枝扁平多节，形态奇趣，拱曲悬垂，繁茂如绿伞，可以装饰居室、阳台，为节日增添喜庆的气氛。

量天尺（*Hylocereus undatus*）

别名： 霸王鞭、霸王花、剑花、三棱柱、三棱箭
科属： 仙人掌科量天尺属

识别要点： 附生性肉质植物，株高30～60cm。茎粗壮，深绿色，三棱柱形，多分枝，边缘具波浪状，长成后呈角形，具小凹陷。花大型，白色，有芳香。

生态习性： 广泛分布于美洲热带和亚热带地区，中国广东、广西、福建也有栽培。性强健，喜温暖，宜半阴，喜含腐殖质的肥沃壤土。

园林应用： 量天尺宜地栽于展览温室边缘地带以展示热带雨林风光，也可盆栽，或作为篱垣植物；还可以作其他肉质植物的砧木。

山影拳（*Piptanthocereus peruranus* var. *monstrous*）

别名：山影、仙人山、岩石狮子、神代柱
科属：仙人掌科天轮柱属

识别要点：多年生肉质植物，株高2～3m。植株芽上的生长锥分生不规则，整个植株肋棱错乱，不规则地增殖成参差不齐的岩石状；变态茎暗绿色，具褐色刺，整个植株郁郁葱葱，起伏层叠状如山石。

生态习性：原产于西印度群岛、南美洲北部及阿根廷东部，现各地广泛引种。耐干旱，也耐半阴，喜温暖、干燥和阳光充足的环境，宜排水良好、肥沃的沙壤土。

园林应用：山影拳为参差不齐的岩石状，形如怪石奇峰，常作盆景观赏。也可作砧木，嫁接各种彩色仙人掌球体，构成多彩盆栽。

虎皮兰（*Sansevieria trifasciata*）

金边虎尾兰

虎尾兰

别名： 虎尾兰、锦兰、千岁兰、虎尾掌
科属： 龙舌兰科虎尾兰属

识别要点： 多年生肉质草本植物。地下茎无枝。叶似直接从地下伸出，簇生，下部筒形，中上部扁平，像宝剑，刚劲直立；叶长50～70cm，宽3～5cm，全缘，表面乳白、淡黄、深绿相间，呈横带斑纹。总状花序，花淡白色、浅绿色等，3～5朵一束，着生在花序轴上。

生态习性： 原产于非洲西部，现很多地方都有引种。耐干旱，忌水涝，喜阳光，也耐阴，不耐寒，喜排水良好的沙质壤土。

园林应用： 虎皮兰可用于盆栽观赏及花坛布置。

虎刺梅（*Euphorbia milii*）

别名： 铁海棠、麒麟刺、麒麟花、虎刺
科属： 大戟科大戟属

识别要点： 多刺直立或稍攀缘性小灌木，株高1～2m。多分枝，干枝密被锥形尖刺；茎和小枝有棱，茎内有白色乳汁。倒卵形或匙形叶片密集着生新枝顶端，叶面光滑，鲜绿色。小花着生枝端，有长柄和2枚红色苞片。花期冬春。

生态习性： 原产于非洲马达加斯加岛。喜温暖、湿润和阳光充足环境，耐高温，不耐寒；喜疏松、排水良好的腐叶土。

园林应用： 虎刺梅株形奇特，花艳叶茂，常盆栽观赏，或作刺篱等。幼茎柔软，常用来绑扎动物造型，成为公共场所摆设的精品。

长寿花(*Kalanchoe blossfreldiana*)

别名: 矮生伽蓝菜、圣诞伽蓝菜、寿星花、假川莲
科属: 景天科伽蓝菜属

识别要点: 多年生常绿多浆草本。茎直立。单叶交互对生,肉质,卵圆形,叶片先端叶缘具波状钝齿,下部全缘,叶色亮绿,有光泽,叶边缘略带红色。圆锥聚伞花序,花多,花小,花色有粉红、绯红或橙红等色。花期1～4月。
生态习性: 原产于非洲。喜温暖、湿润和阳光充足的环境和肥沃的沙壤土,不耐寒。
园林应用: 长寿花开花期在冬、春少花季节,花期长,是优良的室内盆花。

常见仙人掌及多浆植物识别及应用

石莲花（*Echeveria glauca*）

别名： 宝石花、石莲掌、莲花掌
科属： 景天科石莲花属

识别要点： 多年生肉质草本，植株呈矮小的莲座状。叶片肉质，叶色有绿、褐、红、紫黑、白等，有些叶面上还有美丽的花纹，叶尖或叶缘呈红色。花序有总状花序、穗状花序和聚伞花序等，花小，钟状或瓶状。

生态习性： 原产于墨西哥，现世界各地均栽培。适应能力极强，喜温暖、干燥和通风的环境，喜光和富含腐殖质的沙壤土。

园林应用： 石莲花叶片莲座状排列，四季碧翠，在热带、亚热带地区可露地配置或点缀在花坛、花境边缘、岩石孔隙间，北方则盆栽观赏，是室内绿色装饰的佳品。

芦荟（*Aloe arboreacens* var. *netalensis*）

别名：卢会、象胆、象鼻草、龙角、龙舌草
科属：百合科芦荟属

识别要点：多年生常绿草本植物。叶簇生，呈座状或生于茎顶，大而肥厚，狭长披针形，边缘有尖齿状刺。花序为伞形、总状、穗状、圆锥形等，花红、黄色或具赤色斑点。

生态习性：原产于非洲，中国亦有栽培。喜高温、湿润气候，喜光，耐旱，忌积水，不耐寒，对土壤要求不严。

园林应用：芦荟常作盆栽观赏，在华南地区城市道路的绿化带及城市广场、公园、生活小区、学校和工厂周边可露地栽种。

燕子掌（*Crassula portulacea*）

别名： 豆瓣掌、燕子景天、玉树、景天树
科属： 景天科青锁龙属

识别要点： 常绿小灌木，株高1～3m。茎肉质，圆柱形，多分枝。叶对生，肉质，无柄，浓绿色，有光泽，有红边。伞状花序，花瓣5枚，白色或淡粉色，花丝较长。

生态习性： 原产于南非，现中国各地均有引种。喜温暖、干燥和阳光充足环境，不耐寒，耐半阴；喜肥沃、排水良好的沙质壤土。

园林应用： 燕子掌常盆栽，也可培养成古树老桩的姿态；还可配以盆架、石砾加工成小型盆景。

条纹十二卷（Haworthia fasciata）

别名：条纹蛇尾兰、锦鸡尾、雉鸡尾、十二卷
科属：百合科十二卷属

识别要点：多年生肉质草本植物。无明显的地上茎。根生叶簇生，叶片紧密轮生在茎轴上，呈莲座状；叶三角状披针形，先端细尖呈剑形，截面呈"V"字形；叶表光滑，暗绿色；叶背绿色，着生整齐的白色瘤状突起。总状花序从叶腋间抽生，花梗直立而细长，花小，蓝紫色。

生态习性：原产于非洲，现世界各地广泛栽培。喜温暖、干燥、阳光充足的环境，耐干旱，宜排水良好、营养丰富的土壤。

园林应用：条纹十二卷常配造型美观的盆钵，装饰桌案、几架等。

常见仙人掌及多浆植物识别及应用

玉米石（*Sedum album*）

别名： 白花景天
科属： 景天科景天属

识别要点： 多年生草本肉质植物，植株低矮丛生。叶片膨大为卵形或圆筒形，互生，先端钝圆，亮绿色，光滑。伞形花序下垂，花白色。花期6～8月。

生态习性： 原产于欧洲、西亚和北非，现中国有引种。喜温暖和阳光充足的环境，也耐半阴，有较强的耐旱力，忌湿涝，要求排水良好的沙质壤土。

园林应用： 玉米石株丛小巧清秀，叶晶莹如翡翠珍珠，常盆栽点缀书桌、几案。

大叶落地生根 (*Kalanchoe daigremontiana*)

大叶落地生根

棒叶落地生根

别名： 宽叶落地生根、花蝴蝶
科属： 景天科伽蓝菜属

识别要点： 多年生肉质草本花卉。全株蓝绿色。茎直立，圆柱状，中空，褐色。叶肉质，交互对生，披针状椭圆形至三角形，边缘具不规则的锯齿，其缺刻处长有小植株状的不定芽，蝴蝶状。圆锥花序顶生，花冠钟形，花粉红色、橙色，下垂。花期12～翌年4月。

生态习性： 分布于中国南部、东印度及非洲马达加斯加岛的热带地区。喜温暖、湿润及阳光充足、通风良好的环境，耐干旱，喜排水良好、肥沃的沙质壤土。

园林应用： 大叶落地生根株型匀称，常盆栽观赏，是窗台阳台绿化的好材料。也可点缀书房。

龙舌兰（*Agave Americana*）

别名： 龙舌掌、番麻、世纪树
科属： 龙舌兰科龙舌兰属

识别要点： 多年生常绿草本，植株高大。无茎。叶子坚硬，倒披针形，叶色灰绿或蓝灰，较大的叶子经常向后反折，少数叶子的上半部分会向内折，叶缘有向下弯曲的疏刺，刺长。花梗由莲座中心抽出，大型圆锥花序，花簇生，铃状，黄绿色，有浓烈的臭味。

生态习性： 原产于美洲，在中国西南、华南均有分布。喜温暖、干燥、光线充足的环境，稍耐寒，较耐阴，耐旱力强。要求排水良好、肥沃的沙壤土。

园林应用： 龙舌兰常用于盆栽或栽植在花坛中心、草坪一角，适用于布置小庭院和厅堂，增添热带风情。

园林花卉识别彩色图册

翡翠珠（*Senecio rowleyanus*）

别名： 一串珠、一串铃、绿串珠、佛珠、绿葡萄、珍珠吊兰
科属： 菊科千里光属

识别要点： 多年生常绿肉质草本。茎纤细，匍匐下垂，全株被白色皮粉。叶圆珠形，叶色深绿或淡绿，上有一条透明的纵条纹，互生，排列稀疏。头状花序顶生，花白色至浅褐色。

生态习性： 原产于西南非干旱的亚热带地区。性喜温暖、空气湿度大、强散射光的环境，喜富含有机质、疏松、肥沃的土壤。

园林应用： 翡翠珠叶形奇特，着生于茎上似一串绿色珠子，常用小盆悬吊栽培，装饰家庭或办公环境。

常见仙人掌及多浆植物识别及应用

令箭荷花（*Nopalxochia ackermannii*）

别名： 孔雀仙人掌、孔雀兰、荷花令箭
科属： 仙人掌科令箭荷花属

识别要点： 多年生附生肉质植物。茎直立，多分枝，植株基部主干细圆，分枝扁平呈令箭状，绿色。花筒细长，喇叭状，花色有紫红、大红、粉红、洋红、黄、白、蓝紫等。花期5～7月，白天开花。
生态习性： 原产于美洲热带地区，以墨西哥为多，中国各地以盆栽为主。喜温暖、湿润的环境，忌阳光直射，耐干旱，耐半阴，怕雨淋，要求肥沃、疏松、通透的中性或微酸性土壤。
园林应用： 令箭荷花花大色艳，花期长，以盆栽观赏为主。也用来点缀客厅、书房的窗前、阳台、门廊等。

生石花（*Lithops pseudotruncatella*）

别名： 石头花、石头草、象蹄、元宝
科属： 番杏科生石花属

识别要点： 多年生小型多肉植物。茎很短，呈球状。变态叶肉质肥厚，对生联结，形似倒圆锥体，有蓝灰、淡灰棕、灰绿、灰褐等色，顶部近卵圆，平或凸起，上有树枝状凹纹，半透明，外观很像卵石。从对生叶的中间缝隙中开出黄、白、粉等色花朵，一株通常只开1朵花，多在下午开放，傍晚闭合，次日午后又开，单朵花可开7～10天。
生态习性： 原产于非洲南部。喜温暖、干燥和阳光充足的环境。
园林应用： 生石花外形和色泽都酷似彩色的卵石，小巧玲珑，品种繁多，色彩丰富，常用来盆栽供室内观赏。

常见仙人掌及多浆植物识别及应用

昙花（*Epiphyllum oxypetalum*）

别名：昙华、月下美人、韦陀花
科属：仙人掌科昙花属

识别要点：常绿灌木。主茎直立，圆柱形；不规则分枝呈扁平叶状，没有叶片；刺座生于圆齿缺刻处，幼枝有刺毛状刺，老枝无刺。花夏秋季晚间开放，白色，大形，漏斗状，两侧对称，有芳香。

生态习性：原产于墨西哥，现全球均有栽培。喜温暖、湿润和半阴环境，不耐霜冻，忌强光暴晒；要求排水良好、富含腐殖质的沙质土壤。

园林应用：昙花是一种珍贵的盆栽观赏花卉，可装点阳台和庭院。

园林花卉识别彩色图册

春兰（*Cymbidium goeringii*）

别名： 兰草、山兰、朵朵香、双飞燕、草兰、草素、山花、兰花
科属： 兰科兰属

识别要点： 多年生常绿花卉，植株较矮小。有肉质根及球形的假鳞茎。叶丛生而刚韧，狭带形，叶缘有细齿。花单生，少数2朵，常有浅黄绿、绿白、黄白等色，花味清香；花瓣卵状披针形，稍弯，唇瓣3裂不明显，比花瓣短。

生态习性： 原产于中国长江中下游地区，日本、中国台湾有少量分布。性喜凉爽、湿润和通透环境，忌酷热、干燥和阳光直晒。要求含腐殖质丰富、排水良好、微酸性的土壤。

园林应用： 春兰叶态优美，花香幽雅，是珍贵的盆花。

蕙兰（*Cymbidium faberi*）

别名：九子兰、夏兰、九华兰、九节兰、一茎九花
科属：兰科兰属

识别要点：地生草本兰科花卉。假鳞茎小或不明显。叶5～8枚，带形，直立性强，基部常对折而呈"V"字形，叶脉透亮，边缘常有粗锯齿。花葶从叶丛基部最外面的叶腋抽出，近直立或稍弯曲；总状花序具5～11朵或更多的花，常为浅黄绿色，唇瓣有紫红色斑，有香味。花期3～5月。

生态习性：为兰属中国分布最北的种，原产于中国西南部，尼泊尔、印度也有分布。喜生于温暖、湿润、开阔且排水良好的透光处；喜冬季温暖和夏季凉爽气候，耐寒能力较强。

园林应用：蕙兰姿态优美，花香幽雅，是珍贵的盆花，也可作盆景，还可作切花。

建兰（*Cymbidium ensifolium*）

别名： 雄兰、骏河兰、剑蕙、四季兰、秋兰、秋蕙
科属： 兰科兰属

识别要点： 叶片宽厚，直立如剑，叶2~6枚，带形，薄革质，弯曲而下垂。花莛直立，通常有4~7花；花瓣较宽，形似竹叶，花浅黄绿色，有清香气。

生态习性： 广泛分布于东南亚和南亚各国，喜温暖、湿润和半阴环境，耐寒性差，怕强光直射，不耐水涝和干旱，喜疏松、肥沃和排水良好的腐叶土。

园林应用： 建兰是珍贵的盆花，常设置兰圃进行专类栽培，还可以作切花。

常见兰科花卉识别及应用

墨兰（*Cymbidium sinense*）

别名： 报岁兰、入岁兰、宽叶兰
科属： 兰科兰属

识别要点： 根肉质，假球茎卵圆形、慈姑形或荸荠形，少数为纺锤形。叶丛生，线状披针形叶，深绿色，革质，有光泽。花茎通常高出叶面，花序直立，花朵较多，达20朵左右，香气浓郁，花色多变。花期2~3月。

生态习性： 原产于中国、越南和缅甸。是典型的阴性植物，喜阴忌强光，喜温暖忌严寒，喜湿忌燥，喜肥忌浊。

园林应用： 新春佳节，正是墨兰开花时节，其清艳含娇，幽香四溢，满室生春，是主要礼仪盆花，花枝也用于插花观赏。

寒兰（*Cymbidium ranran*）

别名：冬兰
科属：兰科兰属

识别要点：地生兰。假鳞茎狭卵球形。叶3～5枚，狭带形，薄革质，暗绿色，略有光泽，叶面较平展，叶背粗糙，叶脉明显向叶背突起。花葶直立，从假鳞茎基部鞘叶内侧生出；总状花序疏生5～12朵花；花常为淡黄绿色，常有浓烈香气。花期8～12月。

生态习性：分布在中国福建、浙江、江西、湖南、广东等地，日本也有分布。喜气温温和、光照柔和的环境，忌热怕冷，对空气湿度要求较高，要求环境通风透光，培养土疏松、有机质含量多，不喜浓肥。

园林应用：寒兰匀称，协调，修长，美艳，疏密有致，柔中带刚，叶花共雅，是优良的盆花。

常见兰科花卉识别及应用

蝴蝶兰（*Phalaenopsis amabilis*）

别名：蝶兰

科属：兰科蝴蝶兰属

识别要点：多年生附生常绿草本。茎短。叶大，叶片稍肉质，背面紫色，椭圆形。花序侧生于茎的基部，花茎长，达50cm，粗4～5mm，绿色，一至数枚，拱形，常具数朵由基部向顶端逐朵开放的花；花大，蝶状，密生。花期4～6月。

生态习性：蝴蝶兰常野生于热带高温、多湿的中、低海拔的山林中，喜热、多湿、半阴和通风透气的环境。

园林应用：蝴蝶兰花期较长，色彩艳丽，是优良的盆花，也可作切花。

大花蕙兰（*Cymbdium hybrida*）

别名：虎头兰、喜姆比兰、蝉兰、西姆比兰、东亚兰、新美娘兰
科属：兰科兰属

识别要点：常绿多年生附生草本。假鳞茎粗壮，长椭圆形，稍扁。叶片二列，6～8枚，长披针形，叶片长度、宽度不同品种差异很大；叶色受光照强弱影响很大，由黄绿色至深绿色。花茎近直立或稍弯曲；花序较长，小花数一般大于10朵，下方的花瓣特化为唇瓣，花大型，直径6～10cm，花色有白、黄、绿、紫红或带有紫褐色斑纹。

生态习性：喜冬季温暖和夏季凉爽气候，喜高湿、强光的环境。生长适温为10～25℃，夜间温度以10℃左右为宜。

园林应用：大花蕙兰植株挺拔，花茎直立或下垂，花大色艳，主要用作盆栽观赏，也可作切花。

常见兰科花卉识别及应用

石斛兰（*Dedrobium nobil*）

别名： 石斛、石兰、吊兰花、金钗石斛、枫斗
科属： 兰科石斛属

识别要点： 附生兰类。茎丛生、肉质、直立或下垂。总状花序直立或下垂，具少数花，花通常大而艳丽，花瓣比萼片狭或宽，斜宽卵形，唇瓣着生于蕊柱足末端，基部收狭为短爪。

生态习性： 分布于亚洲热带和亚热带，在中国大部分分布于西南、华南、台湾等地。喜温暖气候和多湿环境，忌阳光直射暴晒，在明亮、半阴处生长良好，要求排水良好与通风环境。

园林应用： 石斛兰开花繁茂而美丽，有的具香甜味，花期长，常作切花，也可作盆花，还可以在植物园中布置专类园。

卡特兰（*Cattleya hybrida*）

别名： 阿开木、嘉德利亚兰、加多利亚兰、卡特利亚兰
科属： 兰科卡特兰属

识别要点： 常绿附生兰。茎通常膨大呈假鳞茎状，顶部生有叶1~3枚。叶厚而硬，革质或肉质，长卵形。花单朵或数朵排成总状花序，花大而美丽，花径约10cm，色泽鲜艳而丰富，每朵花能连续开放很长时间，有"兰花之王"的称号。

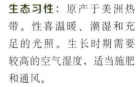

生态习性： 原产于美洲热带。性喜温暖、潮湿和充足的光照。生长时期需要较高的空气湿度，适当施肥和通风。

园林应用： 卡特兰花形奇特，花色绚丽夺目花期长，常出现在喜庆的场合，也可用作切花。

常见兰科花卉识别及应用

兜兰（*Paphiopedilum insigne*）

别名： 拖鞋兰、仙履兰、芭菲尔鞋兰、囊兰
科属： 兰科兜兰属

识别要点： 地生或附生兰。根状茎细长。叶基生，多枚，叶片带形或长圆状披针形，二列，对折，绿色或带有红褐色斑纹。花葶从叶丛中长出，有单朵花或数朵花，花苞片较小，中萼片较大，直立或稍向前倾斜，两枚侧萼片合生，位于唇瓣下方，花瓣较狭，形状多样，唇瓣大，呈口袋形。

生态习性： 主要分布于亚洲热带和亚热带林下。喜温暖、湿润、半阴和通风的环境，怕强光暴晒。

园林应用： 兜兰株形娟秀，花形奇特，幽雅高洁，给人清爽之感，适于盆栽观赏，是高档的室内盆栽观花植物。也可以布置兰科专类园。

参考文献

[1] 栢玉平,陶正平,王朝霞. 2009. 花卉栽培技术[M]. 北京:化学工业出版社.

[2] 包满珠. 2012. 花卉学[M]. 北京:中国农业出版社.

[3] 北京林业大学园林系花卉教研组. 2001. 花卉学[M]. 北京:中国林业出版社.

[4] 北京林业大学园林学院花卉教研室. 1995. 花卉识别与栽培图册[M]. 合肥:安徽科学技术出版社.

[5] 北京林业大学园林学院花卉教研室. 1999. 中国常见花卉图鉴[M]. 郑州:河南科学技术出版社.

[6] 曹春英. 2012. 花卉栽培[M]. 北京:中国农业出版社.

[7] 陈俊愉,程绪珂. 1990. 中国花经[M]. 上海:上海文化出版社.

[8] 陈俊愉. 1980. 园林花卉[M]. 上海:上海科学技术出版社.

[9] 陈俊愉. 2001. 中国花卉品种分类学[M]. 北京:中国林业出版社.

[10] 陈荣道. 2002. 怎样画植物[M]. 北京:中国林业出版社.

[11] 陈有民. 1990. 园林树木学[M]. 北京:中国林业出版社.

[12] 戴志棠. 1998. 室内观叶植物及装饰[M]. 北京:中国林业出版社.

[13] 杜莹秋. 2002. 宿根花卉的栽培与应用[M]. 北京:中国林业出版社.

[13] 傅玉兰．2012．花卉学[M]．北京：中国农业出版社．
[14] 古润泽．2006．高级花卉工培训考试教程[M]．北京：中国林业出版社．
[15] 郭强，张鲁归．2010．浓情蜜意节庆花卉100种[M]．上海：上海科学技术出版社．
[16] 何济钦，唐振缙．2007．园林花卉900种[M]．北京：中国建筑工业出版社．
[17] 江劲武．2004．常见野生花卉[M]．北京：中国林业出版社．
[18] 江荣先，董文柯．2009．花园林景观植物花卉图典[M]．北京：机械工业出版社．
[19] 金波．1998．常用花卉图谱[M]．北京：中国农业出版社．
[20] 金波．1999．花卉资源原色图谱[M]．北京：中国农业出版社．
[21] 康亮．1999．园林花卉学[M]．北京：中国建筑工业出版社．
[22] 克里斯托费·布里克尔．2004．世界园林植物花卉百科全书[M]．杨秋生，李振宇，译．郑州：河南科学技术出版社．
[23] 李天来．2003．中国工厂化农业的现状与展望[J]．中国科技成果，2003(24)：27-31．
[24] 李以镕．1995．江西野生观赏植物[M]．北京：中国林业出版社．
[25] 林萍．2008．观赏花卉[M]．北京：中国林业出版社．
[26] 刘金海．2009．观赏植物栽培学[M]．北京：高等教育出版社．
[27] 刘师汉．2000．实用养花技术手册[M]．北京：中国林业出版社．

参考文献

[28] 刘延江,王洪力,等.2008.园林观赏花卉应用[M].沈阳:辽宁科学技术出版社.

[29] 刘延江.2010.花卉[M].沈阳:辽宁科学技术出版社.

[30] 刘燕.2009.园林花卉学[M].2版.北京:中国林业出版社.

[31] 刘奕清,王大来.2009.观赏植物[M].北京:化学工业出版社.

[32] 鲁涤非.2002.花卉学[M].北京:中国农业出版社.

[33] 南京林业大学.2000.园林树木学[M].北京:中国林业出版社.

[34] 彭东辉.2009.园林景观花卉学[M].北京:机械工业出版社.

[35] 施振周,刘祖祺.1999.园林花木栽培新技术[M].北京:中国农业出版社.

[36] 石万方.2003.花卉园艺工(中级)[M].北京:中国社会劳动保障出版社.

[37] 唐祥宁.2003.花卉园艺工(高级)[M].北京:中国社会劳动保障出版社.

[38] 吴棣飞,尤志勉.2010.常见园林植物识别图鉴[M].重庆:重庆大学出版社.

[39] 吴志华.2005.花卉生产技术[M].北京:中国林业出版社.

[40] 夏春森,刘忠阳.1999.细说名新盆花194种[M].北京:中国农业出版社.

[41] 谢国文.2005.园林花卉学[M].北京:中国农业科学技术出

版社.
[42] 熊丽. 2003. 观赏花卉的组织培养与大规模生产[M]. 北京: 化学工业出版社.
[43] 张建新, 许桂芳. 2011. 园林花卉[M]. 北京: 科学出版社.
[44] 张树宝, 王淑珍. 2013. 花卉生产技术[M]. 3版. 重庆: 重庆大学出版社.
[45] 赵兰勇. 1999. 商品花卉生产与经营[M]. 北京: 中国农业出版社.
[46] 郑诚乐. 2010. 花卉装饰与应用[M]. 北京: 中国林业出版社.

中文名索引

A

阿开木	238
'阿罗拉'	105
矮牵牛	1
矮生伽蓝菜	218
矮生椰	200
矮棕	200
安神菜	61
安祖花	145

B

八宝景天	52
八仙花	152
巴西木	207
巴西铁树	207
芭菲尔鞋兰	239
霸王鞭	214
霸王花	214
霸王树	208
白边龙血树	182
白柄亮丝草	166
白菖蒲	122
白粉藤	187
白果兰	74
白鹤花	62
白鹤芋	185
白花菖蒲莲	114
白花景天	223
白花石蒜	102
白花水竹草	184
白花紫露草	184
白花紫鸭跖草	184
白芨	106
白鸡儿	106
白脉竹芋	172
白头草	98
白头翁	98
白雪彩叶芋	176
白玉黛粉叶	171
白玉簪	62
白掌	185
百部草	72
百根草	84
百合花	86
百合类	86
百合水仙	146
百日草	4
百日菊	4
百条根	84
百子兰	103
百子莲	103
斑马万年青	171
斑马竹芋	168
斑叶垂椒草	178
斑叶芦竹	123
斑叶鸭跖草	190
斑叶竹芋	167
半枝莲	14
包袱花	76
苞米兰	102
苞叶芋	185

宝石花	219	藏红花	113	长盛球	209
报春花类	134	草寸香	99	长寿花	218
报岁兰	233	草杜鹃	14	常春藤	191
爆竹红	2	草桂花	43	常夏石竹	65
豹纹竹芋	172	草荷花	19	巢蕨	196
贝细工	45	草姜	80	车轮菊	67
碧冬茄	1	草兰	230	冲天草	126
扁竹花	57	草球	209	臭菖蒲	122
扁竹莲	92	草麝香	93	臭芙蓉	3
波斯顿蕨	198	草石竹	27	臭菊	3
波斯菊	10	草素	230	初雪草	36
波斯毛茛	97	草象牙红	2	雏菊	15
玻璃翠	140	草玉铃	99	川贝母	105
菠萝花	154	草紫罗兰	43	川泽泻	128
不才树	207	茶花	159	穿孔喜林芋	180
步步高	4	茶马椰子	200	串铃花	95
C		蝉兰	236	垂盆草	53
彩苞凤梨	155	菖兰	92	垂榕	202
彩纹秋海棠	141	菖蒲	122	垂叶榕	202
彩叶草	16	长春花	44	垂枝榕	202
彩叶芦竹	123	长春菊	21	春菊	15
彩叶芋类	176	长花龙血树	207	春兰	230
藏报春	135	长生菊	21	春芋	174

中文名索引

春羽	174	大理花	88	灯盏花	139
绰约	46	大丽花	88	地被石竹	65
慈姑	127	大丽菊	88	地肤	17
慈姑花	149	大藻	131	地瓜花	88
刺莲藕	125	大王黛粉叶	171	地雷花	39
葱兰	114	大王万年青	171	帝王贝母	104
葱莲	114	大岩桐	148	电线兰	180
葱叶水仙	114	大叶菖蒲	122	殿春	46
丛生福禄考	56	大叶酢浆草	78	吊兰	188
粗肋草	165	大叶莲	131	吊兰花	237
翠菊	5	大叶落地生根	224	吊钟海棠	156
D		大叶蔓绿绒	174	吊钟花	156
达木兰	138	大叶万年青	165	吊竹兰	190
大波斯菊	10	大樱草	135	吊竹梅	190
大红雀	19	大紫背浮萍	132	蝶兰	235
大花蕙兰	236	黛粉叶	171	东方香蒲	130
大花剪秋罗	82	黛粉叶类	170	东亚兰	236
大花金鸡菊	63	丹桂	162	冬不凋草	163
大花君子兰	138	淡竹叶	184	冬兰	234
大花耧斗菜	74	倒挂金钟	156	兜兰	239
大花美人蕉	90	德国鸢尾	57	豆瓣绿类	178
大花三色堇	13	灯笼海棠	156	豆瓣掌	221
大花萱草	61	灯台花	145	杜鹃花	158

端午锦	40	非洲紫罗兰	137	父母树	205
短筒倒挂金钟	156	绯牡丹	211	富贵竹	182
对红	96	肥皂花	71	**G**	
对兰	96	翡翠珠	226	干巴花	45
对叶莲	121	费菜	53	甘根	106
多花报春	135	粉团花	152	高岭紫菀	51
朵朵香	230	风车草	186	高山积雪	36
E		风蝶草	23	高山紫菀	51
鹅掌柴	205	风铃草	73	高肾蕨	198
二色芋	176	风信子	94	缟千年木	207
二色竹芋	172	风雨花	115	鸽子花	72
二月蓝	42	枫斗	237	钩兰	188
F		蜂窝菊	3	狗牙齿	54
发财树	204	凤梨花	154	孤挺花	96
番红花类	113	凤仙花	8	瓜栗	204
番麻	225	凤眼蓝	129	瓜叶菊	133
飞燕草	72	凤眼莲	129	瓜子草	54
非洲爱情花	103	佛甲草	53	瓜子海棠	140
非洲百合	103	佛指甲	53	瓜子秋海棠	141
非洲凤仙	9	佛珠	226	'冠上冠'	105
非洲堇	137	扶郎花	139	挂兰	188
非洲菊	139	扶郎菊	139	观赏凤梨类	154
非洲紫苣苔	137	芙蕖	118	观音莲	149

中文名索引

冠花贝母	104	荷花	118	蝴蝶草	31
管子草	126	荷花令箭	227	蝴蝶花	58
光泽泻	128	荷兰菊	49	蝴蝶兰	235
广东万年青	165	鹤望兰	144	湖南根	125
广东万年青类	164	黑骨芒萁	197	虎刺	217
龟背竹	180	黑脚蕨	197	虎刺梅	217
鬼脸花	13	黑心金光菊	68	虎耳草	192
桂花	162	黑心菊	68	虎皮百合	87
果子蔓凤梨	154	黑眼菊	69	虎皮菊	29
H		红杯凤梨	154	虎皮兰	216
海带七	102	红背葛郁金	169	虎头兰	236
海蕉	102	红灯	211	虎尾兰	216
含笑	161	红花菖蒲莲	115	虎尾掌	216
含笑梅	161	红花酢浆草	78	虎纹凤梨	155
寒兰	234	红花石蒜	101	虎眼万年青	151
旱荷花	93	红鸡冠	6	花苞菜	35
旱金莲	19	红绿草	33	花贝母	104
旱金莲花	19	红脉彩叶芋	176	花菖蒲	58
旱蒲	59	红球	211	花公草	31
旱伞草	186	红叶铁树	177	花蝴蝶	224
蒚苴	118	红掌	145	花花草	78
荷包牡丹	48	红竹	177	花菱草	20
荷根	124	忽地笑	101	花毛茛	97

花叶豆瓣绿	178	黄香草	70	剪刀草	127
花叶椒草	178	黄椰子	199	剪秋罗类	82
花叶芦竹	123	黄远	80	剪秋萝	82
花叶万年青	171	蕙兰	231	建兰	232
花叶玉竹	123	火鹤花	145	剑花	214
花叶芋	176	火炬凤梨	155	剑蕙	232
花叶竹芋	172	火球花	7	剑兰	92
花烛类	145	火烧草	53	剑叶波斯菊	63
华北楼斗菜	74	火焰	208	剑叶石蒜	138
华夏慈姑	127	火掌	208	健脑菜	61
皇冠贝母	104	藿香蓟	12	箭羽肖竹芋	169
黄波斯菊	11	**J**		江西腊	5
黄菖蒲	58	鸡冠花	6	将离	46
黄花	47	鸡头荷	125	节花	47
黄花菜	61	鸡头米	125	节华	47
黄花石蒜	101	鸡头莲	125	金币树	181
黄花鸢尾	58	极乐鸟花	144	金钗石斛	237
黄金葛	189	急性子	8	金光菊	69
黄金莲	124	加多利亚兰	238	金光菊类	68
黄金盏	21	嘉德利亚兰	238	金桂	162
黄菊	69	假川莲	218	金琥	212
黄菊花	69	假莲藕	125	金琥仙人球	212
黄水仙	117	假向日葵	69	'金皇后'广东万	

中文名索引

年青	166
金莲	124
金钱菊	28
金钱梅	28
金钱树	181
金蕊	47
金丝吊芙蓉	192
金丝荷叶	192
金松	181
金娃娃	61
金银台	117
金英花	20
金鱼草	22
金盏花	21
金盏菊	21
金针菜	60
锦鸡尾	222
锦葵	41
锦兰	216
锦屏封	26
锦上添花	213
锦绣苋	33
锦紫苏	16
景天草	52
景天类	52
景天树	221
九华兰	231
九节兰	231
九节莲	163
九里香	162
九重葛	160
九子兰	231
韭菜莲	115
韭兰	115
酒金花	84
桔梗	76
菊花	47
巨万年轻	171
卷丹百合	87
卷须贝母	105
君子兰	138
骏河兰	232

K

卡特兰	238
卡特利亚兰	238
康乃馨	64
可爱花叶万年青	171
孔雀草	3
孔雀兰	227
孔雀松	17
孔雀仙人掌	227
孔雀肖竹芋	168
孔雀竹芋	168
宽叶兰	233
宽叶落地生根	224

L

喇叭花	18
喇叭水仙	117
蜡菊	45
兰草	230
兰花	230
婪尾春	46
蓝宝石喜林芋	174
蓝翠球	12
蓝壶花	95
蓝蝴蝶	57
蓝花蕉	168
蓝花君子兰	103
蓝瓶花	95

蓝香花	70	灵芝牡丹	1	耧斗菜	74
蓝钟花	107	凌波仙子	117	耧斗菜类	74
蓝猪耳	31	铃铛花	76	漏斗水仙	117
老姑草	98	铃儿草	48	卢会	220
老冠花	98	铃花水仙	110	芦荟	220
老来娇	157	铃兰	99	芦笋山草	193
老来少	37	菱叶白粉藤	187	陆莲花	97
老翁花	98	菱叶葡萄	187	鹿铃	99
老鸦蒜	101	令箭荷花	227	鹿子百合	87
犁食	47	硫华菊	11	绿宝石喜林芋	174
丽春花	38	柳叶菊	49	绿串珠	226
丽格秋海棠	141	六出花	146	绿地王	175
莲花	118	六雪泥	148	绿地王喜林芋	175
莲花掌	219	六月菊	29	绿巨人	185
莲叶莕菜	132	龙凤木	181	绿萝	189
凉姜	106	龙角	220	绿葡萄	226
两色金鸡菊	28	龙口花	22	萝卜海棠	147
亮丝草	165	龙舌草	220	萝小花	72
量天尺	214	龙舌兰	225	洛阳花	27
裂叶牵牛	18	龙舌掌	225	落神香妃	117
裂叶喜林芋	174	龙头花	22	落雪泥	148
鳞茎百合	87	龙须牡丹	14	**M**	
灵香草	70	龙血树	207	蟆叶秋海棠	142

中文名索引

马拉巴栗	204	美女樱	24	**O**	
马兰	59	美人蕉类	90	欧洲报春	135
马兰花	59	美人樱	24	欧洲常春藤	191
马兰头花	15	米兰	201	藕花	118
马莲	59	米仔兰	201	**P**	
马蔺	59	秘鲁百合	146	盆草	188
马蹄莲	149	绵枣儿类	107	蓬莱蕉	180
麦秆菊	45	棉铃花	79	披针叶竹芋	169
麦兰	150	魔鬼藤	189	苹果竹芋	168
满山红	158	墨兰	233	萍蓬草	124
满山黄	84	牡丹玉	211	萍蓬莲	124
满天星	32	木槿	162	铺地草	24
猫脸花	13	**N**		葡萄百合	95
猫尾草	130	耐冬	159	葡萄吊兰	187
猫尾花	109	南京百合	87	葡萄风信子	95
猫爪花	74	南美紫茉莉	160	葡萄水仙	95
毛宝巾	160	囊萼花	79	蒲包花	136
毛地黄	25	囊兰	239	蒲菜	130
毛姑朵花	98	年景花	134	蒲草	130
毛叶金光菊	68	鸟巢蕨	196	**Q**	
没骨花	46	鸟乳花	151	七月菊	5
玫瑰花	153	茑萝	26	七重楼	134
美国花生	204	牛舌头	208	麒麟刺	217

麒麟花	217	青苹果竹芋	168	三角花	160
麒麟菊	109	青苑	50	三角梅	160
千蕨菜	121	秋海棠类	140	三棱箭	214
千年红	7	秋蕙	232	三棱柱	214
千年木	177	秋菊	47	三色堇	37
千鸟花	72	秋兰	232	三叶梅	160
千屈菜	121	秋英	10	伞草	186
千日草	7	球根秋海棠	142	伞莎草	186
千日红	7	驱蚊草	66	散尾葵	199
千日莲	133	瞿麦	65	扫帚草	17
千岁兰	216	**R**		扫帚梅	10
千叶莲	133	人参花	20	僧帽花	76
千叶蓍	77	日烂红	66	山白菜	50
牵牛	18	日日草	44	山边半枝香	84
芡实	125	绒叶肖竹芋	167	山草	193
墙下红	2	榕类	202	山茶	159
蔷薇花	153	乳纹椒草	178	山丹	87
芹菜花	97	入腊红	66	山矾花	44
琴叶蔓绿绒	175	入岁兰	233	山花	230
琴叶榕	203	瑞莲	119	山兰	230
琴叶树藤	175	瑞云球	211	山苏花	196
琴叶喜林芋	175	**S**		山影	215
琴叶橡皮树	203	撒尔维亚	2	山影拳	215

中文名索引

山芋花	88	石斛兰	237	水葱	126
山芝麻	34	石黄皮	195	水芙蓉	118
山踯躅	158	石碱花	71	水浮莲	131
芍药	46	石兰	237	水鬼蕉	112
舌根菊	109	石莲花	219	水荷莲	131
蛇鞭菊	109	石莲掌	219	水荷叶	132
蛇目菊	28	石蒜	101	水葫芦	129
射干	80	石蒜类	100	水葫芦苗	129
麝香百合	86	石头草	228	水蕉	102
麝香石竹	64	石头花	228	水蜡烛	130
神代柱	215	石指甲	53	水柳	121
肾蕨	195	石竹	27	水生鸢尾	58
生石花	228	矢车菊类	81	水仙花	116
胜红蓟	12	世纪树	225	水仙类	116
圣诞伽蓝菜	218	蟹蟹花	112	水泻	128
圣诞花	157	寿星花	218	水洋花	119
圣诞仙人掌	213	熟季花	40	水玉米	120
圣烛节仙人掌	210	蜀季花	40	水芋	149
十二卷	222	蜀葵	40	水丈葱	126
十三太保	92	束风草	34	水枝柳	121
十样锦	92	树兰	201	水竹草	186
石柑子	189	双飞燕	230	水竹草	190
石斛	237	水菖蒲	122	水烛	130

-254-

水棕竹	186	天冬草	194	兔耳花	147
睡浮莲	119	天鹅绒竹芋	167	兔子花	147
睡莲	119	天浮莲	131	团扇	208
丝带树	182	天蓝绣球	55	拖鞋花	136
丝石竹	32	天门冬	194	拖鞋兰	239
死不了	14	天人菊	29	**W**	
四季报春	134	天堂鸟花	144	瓦筒花	73
四季凤仙	143	天竺葵	66	晚香玉	108
四季兰	232	天竺牡丹	88	莞	126
四季秋海棠	141	条纹蛇尾兰	222	万年草	53
四季绣球	24	条纹十二卷	222	万年青	163
松果凤梨	155	条纹竹芋	172	万寿灯	3
松叶牡丹	14	铁扁担	163	万寿菊	3
宿根福禄考	55	铁海棠	217	王贝母	104
宿根石竹类	64	铁炮百合	86	王冠蕨	196
宿根天人菊	67	铁十字秋海棠	141	王莲	120
随意草	79	铁树	177	网纹草类	183
T		铁丝草	197	忘忧草	61
太阳花	14	铁线草	197	'威廉姆'	105
昙花	229	铁线蕨	197	韦陀花	229
昙华	229	庭荠	30	文殊兰类	102
唐菖蒲	92	土三七	151	文竹	193
疼耳草	192	兔儿牡丹	48	渥丹	87

中文名索引

乌木毒	163	细叶榕	202	香蒲	130
乌蒲	80	虾蟆秋海棠	142	香石竹	64
乌扇	80	狭叶金鸡菊	63	香水花	99
乌鸢	57	狭叶龙血树	207	香雪兰	150
蜈蚣草	195	霞草	32	香雪球	30
五彩凤仙花	143	夏堇	31	象鼻草	220
五彩苏	16	夏兰	231	象胆	220
五铃花	74	仙巴掌	208	象蹄	228
五色草	33	仙达龙血树	182	象牙白	36
五色葛郁金	168	仙鹤莲	134	象牙红	157
五色水仙	94	仙客来	147	象牙球	212
武竹	194	仙履兰	239	橡胶榕	202
X		仙人球	209	橡皮树	202
西番莲	88	仙人山	215	小芭蕉	90
西瓜皮	179	仙人掌	208	小白花	30
西瓜皮椒草	179	仙人枝	210	小波斯菊	28
西红花	113	仙人指	210	小苍兰	150
西姆比兰	236	仙指花	213	小菖兰	150
西洋白花菜	23	咸虾花	12	小蓝菊	49
西洋报春	135	相思草	140	小莲花	119
西洋红	2	香草	70	小芦铃	99
喜林芋类	173	香蕉花	161	小熟季花	41
喜姆比兰	236	香龙血树类	206	小桃红	8

小雪钟	110	雪铁芋	181	洋蝴蝶	66
小叶榕	202	雪叶菊	83	洋葵	66
小叶手树	205	雪钟花	110	洋马齿苋	14
肖竹芋类	167	血见愁	74	洋牡丹	97
笑梅	161	薰衣草	70	洋水仙	94
蝎子莲	213	**Y**		洋晚香玉	150
蟹爪兰	213	鸭脚木	205	洋绣球	66
蟹爪莲	213	芽菇	127	洋紫苏	16
蟹足	213	雅蒜	116	养鸡草	53
新几内亚凤仙	143	胭脂花	39	姚女花	117
新美娘兰	236	延命菊	15	药百合	87
猩猩木	157	岩桂	162	野黄菊	84
幸福之树	207	岩石狮子	215	野山红	158
荇菜	132	岩丸子	140	叶牡丹	35
莕菜	132	雁来红	37	叶仙龙血树	182
雄兰	232	燕尾草	127	叶子花	160
绣球花	152	燕子景天	221	叶子梅	160
袖珍椰子	200	燕子掌	221	夜合梅	78
萱草	60	杨梅花	7	夜来香	108
萱草类	60	洋彩雀	22	夜晚花	39
雪滴花类	111	洋常春藤	191	一串红	2
雪莲花	110	洋地黄	25	一串铃	226
雪片莲	111	洋荷花	93	一串珠	226

中文名索引

一帆风顺	185	游龙草	26	元宝	228
一茎九花	231	鱼尾菊	4	圆齿蟹爪	210
一品冠	147	鱼籽兰	201	圆羊齿	195
一品红	157	虞美人	38	圆叶肖竹芋	168
一品香	79	羽裂石竹	65	月季	153
一叶兰	85	羽叶茑萝	26	月见草	34
一丈红	40	羽衣甘蓝	35	月下美人	229
一枝黄花	84	羽裂喜林芋	174	月下香	108
银白斑椒草	179	玉蝉花	58	月月红	153
银边翠	36	玉春棒	62	云片竹	193
银后粗肋草	166	玉芙蓉	208	**Z**	
'银皇帝'广东万年青	165	玉帘	114	杂种楼斗菜	74
银后亮丝草	165	玉米兰	102	杂种撞羽朝颜	1
银后万年青	165	玉米石	223	泽米叶天南星	181
银王亮丝草	165	玉泡花	62	泽夕	128
银叶菊	83	玉树	221	泽泻	128
印度榕树	202	玉簪	62	照山红	158
印度橡皮树	202	玉簪花	108	肇实	125
英国常春藤	191	郁蕉	102	折鹤兰	188
樱草	134	郁金山草	194	针叶天蓝绣球	56
璎珞百合	104	郁金香	93	珍珠吊兰	226
映山红	158	鸢尾	57	芝麻花	79
		鸢尾类	57	蜘蛛抱蛋	85

-258-

蜘蛛兰	112	皱叶肾蕨	198	紫花君子兰	103
蜘蛛兰类	112	朱顶红	96	紫兰	106
纸花	160	朱蕉	177	紫龙须	23
纸莎草	186	朱兰	106	紫罗兰	43
指甲花	8	珠兰	201	紫茉莉	39
智利百合	146	诸葛菜	42	紫倩	50
雉鸡尾	222	竹节花	27	紫穗兰	103
中国石竹	27	竹节万年青	165	紫菀	50
中国水仙	117	锥花福禄考	55	紫霞耧斗菜	74
钟花	73	子葵	199	紫阳花	152
皱叶豆瓣绿	179	子午莲	119	自由钟	25
皱叶剪秋罗	82	紫背肖竹芋	169	醉蝶花	23
皱叶椒草	179	紫蝴蝶	57		

拉丁学名索引

A

Achillea milleflium	77
Acorus calamus	122
Adiantum capillus-veneris	197
Agapanthus africanus	103
Agave Americana	225
Ageratum conyzoides	12
Aglaia odorata	201
Aglaonema 'Silver King'	165
Aglaonema commutatum 'Pseudo Bracteatum'	166
Aglaonema glaonema × 'Silver King'	165
Aglaonema modestum	165
Aglaonema spp.	164
Alisma orientale	128
Aloe arboreacens var. netalensis	220
Alstroemeria aurantiaca	146
Alternanthera bettzickiana	33
Althaea rosea	40
Amarranthus tricolor	37
Anthrium spp.	145
Antirrhinum majus	22
Aquilegia glandulosa	74
Aquilegia spp.	74
Aquilegia vulgaris	74
Aquilegia yabeana	74
Arundo donax var. *versicolor*	123
Asparagus densiflorus var. *spengeri*	194
Asparagus setaceus	193
Aspidistra elatior	85
Aster alpinus	51
Aster novi-belgii	49
Aster tataricus	50

B

Begonia elatior	141
Begonia masoniana	141
Begonia rex	142

Begonia semperflorens	141	*Callistephus chinensis*	5
Begonia spp.	140	*Camellia japonica*	159
Begonia tuberhybrida	142	*Campanula medium*	73
Belamcanda chinensis	80	*Canna generalis*	90
Bellis perennis	15	*Canna* spp.	90
Bletilla striata	106	*Catharanthus roseus*	44
Bougainvillea glabra	160	*Cattleya hybrida*	238
Brassica oleracea var. *acephala* f. *tricolor*	35	*Celosia cristata*	6
		Centaurea spp.	81
Bromeliaceae	154	*Chamaedorea elegans*	200

C

Caladium hortulanum 'Candidum'	176	*Chrysalidocarpus lutescens*	199
		Cissus rhombifolia	187
Caladium hortulanum 'Jessiethayer'	176	*Cleome spinosa*	23
		Clivia miniata	138
Caladium spp.	176	*Coleus blumei*	16
Calathea lancifolia	169	*Consolida ajacis*	72
Calathea makoyana	168	*Convallaria majalis*	99
Calathea rotundifolia	168	*Cordyline terminalis*	177
Calathea spp.	167	*Coreopsis grandifora*	63
Calathea zebine	167	*Coreopsis tinctoria*	28
Calceolaria herbeohybrida	136	*Cosmos bipinnatus*	10
Calendula officinalis	21	*Cosmos sulfurous*	11
		Crassula portulacea	221

拉丁学名索引

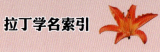

Crinum spp.	102
Crocus spp.	113
Cyclamen persicum	147
Cymbdium hybrida	236
Cymbidium ensifolium	232
Cymbidium faberi	231
Cymbidium goeringii	230
Cymbidium ranran	234
Cymbidium sinense	233
Cyperus alternifolius	186

D

Dahlia pinnata	88
Dedrobium nobil	237
Dendranthema grandiflora	47
Dianthus caryophyllus	64
Dianthus chinensis	27
Dianthus plumarius	65
Dianthus spp.	64
Dianthus superbus	65
Dicentra spectabilis	48
Dieffenbachia amoena	171
Dieffenbachia maculata	171
Dieffenbachia amoena 'Camilla'	171
Dieffenbachia spp.	170
Digitalis purpurea	25
Dracaena angustifolia	207
Dracaena fragrans	207
Dracaena sanderiana	182
Dracaena spp.	206

E

Echeveria glauca	219
Echinocactus grusonii	212
Echinopsis tubiflora	209
Eichhornia crassipes	129
Eschscholtzia californica	20
Euphorbia marginata	36
Euphorbia milii	217
Euphorbia pulcherrima	157
Euryale ferox	125
Epiphyllum oxypetalum	229

F

Ficus benjamina	202
Ficus elastica	202
Ficus lyrata	203
Ficus spp.	202
Fittonia spp.	183

Freesia refracta	150	*Hemerocallis* spp.	60
Fritillaria imperialis	104	*Hippeastrum vittatum*	96
Fritillaria imperialis 'Aurora'	105	*Hlorophytum comosum*	188
Fritillaria imperialis 'Crown Upon Crown'	105	*Hosta plantaginea*	62
		Hyacinthus orientalis	94
Fritillaria imperialis 'William'	105	*Hydrangea macrophylla*	152
Fuchsia hybrida	156	*Hylocereus undatus*	214
G		*Hymenocallis americana*	112
Gaillardia aristata	67	*Hymenocallis* spp.	112
Gaillardia pulchella	29	**I**	
Galanthus nivalis	110	*Impatiens balsamina*	8
Gerbera jamesonii	139	*Impatiens walleriana*	9
Gladiolua hybridus	92	*Impatients hawkeri*	143
Gomphrena globosa	7	*Iris germanica*	57
Gymnocalycium mostii	211	*Iris Iactea*	59
Gypsophila elegans	32	*Iris japonica*	58
H		*Iris kaempferi*	58
Haworthia fasciata	222	*Iris pseudacorus*	58
Hedera helix	191	*Iris* spp.	57
Helichrysum bracteatum	45	*Iris tectorum*	57
Hemerocallis × *hybrida*	61	**K**	
Hemerocallis citrina	61	*Kalanchoe blossfreldiana*	218
Hemerocallis fulva	60	*Kalanchoe daigremontiana*	224

拉丁学名索引

Kochia scoparia	17
L	
Lavandula pedunculata	70
Leucojum spp.	111
Liatris spicata	109
Lilium bulbiferum	87
Lilium concolor	87
Lilium lancifolium	87
Lilium longiflorum	86
Lilium speciosum	87
Lilium spp.	86
Lithops pseudotruncatella	228
Lobularia maritima	30
Lychnis chalcedonica	82
Lychnis fulgens	82
Lychnis spp.	82
Lycoris aurea	101
Lycoris radiata	101
Lycoris spp.	100
Lythrum salicaria	121
M	
Malva sylvestris	41
Maranta bicolor.	172
Maranta spp.	172
Matthiola incana	43
Michelia figo	161
Mirabilis jalapa	39
Monstera deliciosa	180
Muscari botryoides	95
N	
Narcissus pseudo-narcissus	117
Narcissus spp.	116
Narcissus tazetta var. *chinensis*	117
Nelumbo nucifera	118
Neottopteris cordifolia	195
Neottopteris nidus	196
Nephrolepis exaltata 'Bostoniensis'	198
Nopalxochia ackermannii	227
Nupahar pumilum	124
Nymphaea tetragona	119
Nymphoides peltatum	132
O	
Oenothera biennis	34
Opuntia dillenii	208
Ornithogalum caudatum	151

Orychophragmus violaceus	42	*Phlox paniculata*	55
Osmanthus fragrans	162	*Phlox subulata*	56
Oxalis rubra	78	*Physostegia virginiana*	79

P

Piptanthocereus peruranus var.

Pachira aquatica	204	*monstrous*	215
Paeonia lactiflora	46	*Pistia stratiotes*	131
Papaver rhoeas	38	*Platycodon grandiflorus*	76
Paphiopedilum insigne	239	*Polianthes tuberosa*	108
Pelargonium hortorum	66	*Portulaca grandiflora*	14
Peperomia argyreia	179	*Primula polyantha*	135
Peperomia caperata	179	*Primula sinensis*	135
Peperomia magnoliflia		*Primula* spp.	134
'Varriegata'	178	*Primula vulgalis*	135
Peperomia spp.	178	*Pulsatilla chinensis*	98
Petunia hybrida	1	**Q**	
Phalaenopsis amabilis	235	*Quamoclit pennata*	26
Pharbitis nil	18	**R**	
Philodendron emerald 'Queen'	175	*Ranunculus anunculus*	97
Philodendron erubescens 'Green		*Rhododendron simsii*	158
Emerald'	174	*Rohdea japonica*	163
Philodendron panduraeforme	175	*Rosa chinensis*	153
Philodendron selloum	174	*Rudbeckia hirta*	68
Philodendron spp.	173	*Rudbeckia laciniata*	69

拉丁学名索引

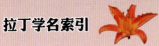

Rudbeckia spp.	68	*Solidago virgaurea*	84
S		*Spathiphyllum floribundum*	185
Sagittaria sagittifolia	127	*Strelitza reginae*	144
Saintpaulia ionantha	137	**T**	
Salvia splendens	2	*Tagetes erecta*	3
Sansevieria trifasciata	216	*Tagetes patula*	3
Saponaria officinalis	71	*Torenia fournieri*	31
Saxifraga stolonifera	192	*Tradescantia fluminensis*	184
Schefflera octophylla	205	*Tropaeolum majus*	19
Schlumbergera russellianus	210	*Tulipa gesneriana*	93
Scilla spp.	107	*Typha oangustata*	130
Scindapsus aureus	189	**V**	
Scirpus tabernaem-ontani	126	*Verbena hybrida*	24
Sedum album	223	*Victoria amazonica*	120
Sedum kamtschaticum	53	*Viola* × *wittrockiana*	13
Sedum lineare	53	**Z**	
Sedum sarmentosum	53	*Zamioculcas zamiifolia*	181
Sedum spectabile	52	*Zantedeschia aethiopica*	149
Sedum spp.	52	*Zebrina pendula*	190
Senecio cineraria	83	*Zephyranthes grandiflora*	115
Senecio cruentus	133	*Zephyranthes candida*	114
Senecio rowleyanus	226	*Zinnia elegans*	4
Sinningia hybrida	148	*Zygocactus truncatus*	213